KB220234

이 땅의 청춘들에게

야매상담

이 땅의 청춘들에게

아픈 만큼 성장한다

오선화 지음

홍성사

차례

누군가에게 숨이 되기를

오래전, 정말 힘이 들어 생을 마감할 수도 있겠다는 생각까지
하던 그때에, 한 선배가 책 한 권을 건넸다.

신기하게도, 그 책은 힘을 주었다. 아니, 숨을 주었다.

그리고 생경하기만 하던 그 출판사의 책을 헌책방에서
발견하고 쭈그려 앉아 읽고 또 읽으며, 기도했다.
이 출판사에서 내 책을 낼 수 있으면 참 좋겠다고.

데뷔는커녕 삶을 이어 가기도 힘든 시절, 허무맹랑한 꿈의
기도는, 이렇게 현실이 되었다.
이렇게 하나씩, 꿈을 이루어 나가는 길. 벅찬 감동이
밀려온다.

나는 청년들에게 꿈을 이루라고 말하는 사람이 아니라,
함께 꿈을 이루어 나가는 사람이
되고 싶다.

그리고 내 책도 누군가에게 숨이 되었으면 좋겠다.

2015년, 꿈의 봄날
오선화

♥
선배에게 받았던 책_　《스크루테이프의 편지》
헌책방에서 발견한 책_　《믿음의 글들》, 나의 고백》
그 출판사_　　　　　홍성사

그냥 네가 먼저 행복해
그렇게 행복한 삶을 공유해

💬 있어 보이는 선배이고 싶지만,
　　해줄 수 있는 거라곤…

💬 그러니까 너의 오류는
　　'해주고 싶다'에서 발생하는 거야.
　　행복하게 해주고 싶다고,
　　잘되게 해주고 싶다고.
　　에이, 겨우 사람 주제에 뭘 해줘, 해주긴.

그 냥　네 가　먼 저　행 복 해 .
그 렇 게　행 복 한　삶 을　공 유 해 .
　　그럼 그 아이도 널 보며 행복해지는 거야.
　　네가 해줘서가 아니라,
　　그냥 너의 행복에 스미는 거야.
　　해주고 싶어 하지 마.
　　그냥 네 삶에 최선을 다해.
　　그럼 그 아이는 삶이 저럴 수도 있구나,

신기해서 따라오고

멈칫하다 따라해 보다 어느새 너의 옆에서 웃을 거야.

그러니까 네가 행복한 게 흰 밥이라고.

계란 프라이는 네가 얹어 주지 말라고.

그 아이 스스로 얹을 거야.

언젠가 보았거든.

네가 계란 프라이를 얹어서 아주 맛있게 먹는 걸 말이야.

#우리의 관계 #내가 무기력하게 느껴질 때 #네가 행복했으면 좋겠어
#계란 프라이

야매상담

💬 잘 살고 싶어요

💬 들숨과 날숨, 모든 호흡이
사랑이었던 손양원 목사님이
말씀하셨어.
기독교는 잘 살기 위한 종교가
아니라 잘 죽기 위한 종교라고.

우리도
언제 천국으로 이사 갈지 모르지만
그게 언제라도 상관없도록
매일 예수의 심장을 품고
들숨과 날숨, 모든 호흡이
사랑이어야 하지 않을까?

죽는 순간이 아름답기를

원하지 말자.
안락의자에서 죽는다면
그건 잘 산 것이지,
잘 죽는 게 아니니까.

죽는 날까지도 사랑을 호흡하며
들숨에는 예수의 사랑을 마시고
날숨에는 그 사랑을 전해야 해.

나는
지금 내가 있는 이곳이
참 고맙다.

비좁은 빌라가 아니라면
오늘 예수를 믿는다고 말했던
내가 부끄러웠을 것이고,
바람이 새어 드는 방이 아니라면
거리 잠을 자는 분들을 위해
기도할 수 없었을 테니까.

들숨과 날숨,

모든 호흡이 안락하다면
잘 살 수 있겠지만
잘 죽을 수 없어.

잘 . 죽 자 .
우리는
교회를 다니는 사람이 아니라
그리스도를 닮은 사람이어야 해.

#죽음 #크리스천 #교회 말고 예수

💬 시간을 되돌릴 수 있다면…

💬 나도 비슷한 생각을 한 적이 있어.
몇 번 그랬던 것 같은데
가장 간절했을 때는
여행 간다고 아이처럼 들떠서
집을 나섰던 엄마를 중환자실에서 마주했을 때였지.
시간을 되돌려 달라고 악을 썼던 기억이 나.

하지만 지금은 말이야.
정말 그럴 수 있대도 그러고 싶지 않아.

시간을 되돌리면
내 삶의 사건과 아픔, 실수와 좌절을
똑같은 지점에서 마주해야 하는데
도무지 그럴 자신이 없더라.

강제 철거를 당한 아주머니들의 눈물을
다시 마주할 자신이 없고
아빠의 불길 같은 분노에 더 데여도 될 만큼
단단하지 않으며
엄마의 장례식을 두 번 겪는다면 미쳐 버릴지도 모르니까.

그리고
사건과 아픔을 지나고
실수와 좌절을 뭉개고 일어났기에
지금의 내가 가능한 거잖아.
그 사실을 깨닫게 된 후에는
그냥 지금이 좋아졌어.

시간을 되돌릴 수 있다고 해도 말이야,
그러지 않았으면 좋겠어.
지금 네 앞의 오늘,
오늘이 네 앞에 있는 지금을
행복하게 살아 봐.

지금은 너에게 주어진 최고의 선물이고
오늘은 너에게 주어진 가장 큰 축복이야.

나는 네가 그 사실을 알았으면 좋겠어.
그리고 무엇보다 먼저
너의 사람들에게 사랑한다고 말했으면 좋겠어.

시간을 돌리고 싶지는 않지만
그래도 단 한 번,
어느 날로 돌아갈 수 있는 기회가 주어진다면,
엄마가 죽기 전의 아무 날이라도 좋으니
돌아가 엄마를 안고 말해 주고 싶거든.
"엄마는 정말 최고였어. 아무리 부자 엄마를,
아무리 똑똑한 엄마를 준대도 절대 바꾸지 않을 만큼.
정말 정말 사랑해."

그러니까 내 삶의 후회는 단 하나,
내가 만난 여성 중 가장 아름다웠던 그녀에게
사랑을 말하지 못했다는 사실이야.

넌
나와 같은 후회는 하지 말았으면 좋겠다.

#사랑해 #후회 #사랑한다는 말 #지금 이 순간

💬 조언을 해야 할지
위로를 해야 할지

💬 상처와 치유 사이에서 만나면
누군가는 어쭙잖은 위로를 내밀고
누군가는 단단한 조언을 던지더라.

나는 사실
뭐가 맞는지 잘 몰랐어.
답은 없을지도 모른다고
어렴풋이 생각했을 뿐.

그런데 오늘 널 만나고 나니 이런 생각이 들더라.

상처와 치유 사이,
우리는 어쩌면
서둘러 치유로 가고 싶은 마음보다

치유로 가는 길목에서
함께 주저앉아
함 께   울 고   웃 기 를
더 바라는지도 모르겠다고.

#상처와 치유 사이   #더불어 삶

야매상담

💬 남친은 이벤트 따위 모르는
   무뚝뚝한 사람이에요

💬 오래전,
   엄하고 무섭기만 했던 우리 아버지와
   라디오를 듣고 있었어.

   라디오에서는
   형이 취직을 해서
   좋은 자전거를 사줬다며
   무척 기뻐하는 애청자의 사연이
   흘러나오고 있었지.

   "나도 저런 오빠가 있었음 좋겠다."
   나는 이렇게 중얼거렸고
   아빠의 중얼거림은
   조금 다른 울림이 있었어.

"나는 그런 형이 되었으면 좋겠다."

난 아빠의 그 한마디에
사랑을 주는 것에 대한 생각을
처음으로 했던 것 같아.

어제,
이모티콘만 봐도 기분이 좋아진다는
말을 단체 카톡에서 했는데
잠시 후
카톡 알림음이 울렸어.
기분이 좋아진다고 했던 그 이모티콘이
개인 카톡으로 도착했지.

갑자기 기분이 엄청 좋아서
환호성을 지르고
감사하다는 인사를 몇 번씩 하고
그 이모티콘을 지인들에게 자랑했지.
"감동이야. 정말 오랜만에 감동이
깃든 선물을 받네. 또 받고 싶다."
자랑 끝에 문득

아빠의 한마디가 떠올랐어.

내 마음이 묻더라.
" 감 동 이 지 ?
너   그 런   감 동   준   지
오 래 된   거   같 지   않 니 ? "

#난 감동이었나? #주는 사랑 #사랑해

💬 빨리 유명해지고 싶어요

💬 네 말에
참   아 프 면 서 도   찔 렸 다 .

어쩌면 나도 겸손으로
끊임없이 높아지고 싶은 맘을 숨기고 있는 건 아닌지.

강의 섭외를 받고 프로필을 보내면 간혹 질문을 받아.
왜 유명한 집회나 대형 행사에 참여한 것은
빠져 있느냐고.
그런 질문을 받으면 참 여러 가지 생각이 들어.
일반 행사든 기독 집회든 그 이름이 내 이름에 붙을 수
있을지,
그게 내 수식어가 되는 걸 나는 받아들일 수 있는지.
개인적으로야 좋은 경험이었으니 얘기할 수 있지만

대외적으로 얘기할 만큼 그것을 잘 알고 있는지….

그래도 그런 질문을 받고 나면
앞으로는 프로필에 넣을까 고민을 하기도 해.
하지만 나는 여전히 내 이름보다
다른 것이 눈에 띄는 프로필을 만들고 싶지 않아.

그래서 그런 질문을 받으면 대답하지.
"제가 아직 그 유명 집회나 대형 행사를 삶으로 살지
않았습니다.
제 삶이 되지 않았는데 저를 설명하는 데 쓸 수 없지요.
꼭 넣고 싶다면 넣으셔도 상관없지만 제가 쓰기에는
면구스러운 구석이 있습니다."

그리고 마음으로 덧붙이곤 해.
'저는 말하고 살아 내는 사람보다 살아 내고 말하는
사람이 되고 싶습니다.
그리고 무엇을 한 사람이기 때문이 아니라, 오선화 그
자체로 참 괜찮은 사람이고 싶습니다.'

진짜 겸손한 사람이 되는 건 말이야,

천국 가기 전에 불가능할지도 몰라.

하지만 그렇다고 포기할 수는 없지 않을까?

끊임없이 낮아지기를 기도하고 노력하며 살아야지.

하나님의 마음을 다 알 수는 없지만

매일 조금씩 더 알기를 원하며

끊임없이 주님 마음을 향해 나아가야 하는 것처럼.

#겸손 #괜찮은 사람 #말보다 삶

💬 젊디젊은 청춘이니
　　다 해봐야죠!

💬 글쎄,
　　난 모든 젊음을 청춘이라 말하고 싶지 않은데.
　　그러니까 네 질문 자체를 거부하고 싶다.

　　그럼 청춘이 뭐냐고?
　　지극히 개인적인 의견인데 말이야.

　　청춘은
　　자기만 잘되고 자기 가족만 행복하고
　　자기만 성공하고
　　자기 친구만 행복하면 되고,
　　이런 건 아니야.

청춘은
겨울에게 다가가
따스한 온기를 선물하고
죽어 가는 땅에 새싹을 심지.

내가 아는 청춘은
자기만 혼자 따뜻한 게 미안해서
어쩔 줄 모르는 '푸른 봄'이거든.

내가 좋아하는 '푸른 봄'은
옆 집 가족도 행복한지
친구의 친구도 살 만한 세상인지
들여다보고 고민하며
더불어 행복하기를 바라지.

가만히 서서
자기 안을 들여다보던 시선을
과감히 거두고
몸 전체를 돌리며
주위를 볼 줄 알게 되지.
그러면서 점점

주위에 푸름을 나눠 주고
자신도 더 푸르른 봄이 되려는 각성.

그게 청춘의 시작이야.

그러니까
젊음과 청춘은 다른 거야.
시간이 지나면 더 확실해져.

젊음은 꽃병에 들어 있는 꽃이라서
시간이 지나면 시들어 버리지만
청춘은 시간이 지나도 가슴에 남는
푸른 봄이거든.

이제부터
청춘으로 가는 길을 모색해 봐.
너의 젊음은 아직 많이 남았잖아.
젊음을 청춘으로 살면
나이가 들어도
푸른 봄을 안고 살아가게 돼.
그게

내가 좋아하는 선생님의 입에서
봄이 툭툭 튀어나오는 이유야.

#젊음보다 청춘   #내 인생의 봄   #더불어 삶

💬 나는 0!
나는 0이라는 숫자가 무지 좋아.

1이 더 좋지 않냐고?
아니, 나는 줄 서기 싫은데!
1이 되려면 줄을 서야 해.
나는 그냥 나처럼 살고 싶은데
1은 나보다 앞에 서고 싶은 거잖아.

그런 거 싫어, 나는 0이 좋아.
0은 가장 우선순위잖아.
완전히 비워진 거잖아.
어떻게 채워질지 기대되는
그저 투명한 유리 같지 않니?

그런데 우리는 사실
2를 남겨 두고 8을 채워 달라고 할 때가 많지.
2가 있어서 괜찮다고 자신을 위로하면서도
얼른 10이 되기를 바라고 있지.
그걸 채워짐이라고 말하는
우리는 사실 내심
차고 넘침을 바라는 게 아닐까?

뭐, 그게 나쁘다는 건 아니야.
그런데 너, 자신 있어?
10이 되면 20을 바라지 않고
20이 되면 30을 바라보며 한숨짓지 않을 자신.
난 없어.
그래서 10보다는 5가 좋고, 5보다는 2가 좋아.
그리고 0이 제일 좋아.

0 은   설 렘 이 야 .

어떤 사랑으로 채워질까?
어떤 기적이 일어날까?
콩닥콩닥 심장 소리가 즐거워.

내가 어떻게 해도 되지 않는 지점에
2밖에 없다고 불평하기보다는
자신을 한번 0에다 놓아 봐.
삶의 룰렛이 뱅글뱅글 돌아서
어떤 채워짐을 선물할지,
자신을 툭 내려놔 봐.

곧 알게 될 거야.
어쩜 네 맘대로 되지 않은 게
엄청난 축복이란 걸 말이야.

#0이라는 숫자 #비움=채움 #내려놓음 #나눔

💬 부자가 나빠요?

💬 좀 멋지게 살자.
　멋진 건 스스로 낮아지는 것,
　주어진 걸 적절하게 취하고
　나머지는 환원하는 것,
　나를 위한 소비보다 남을 위한
　나눔이 많아지는 것을 말해.

　착한 부자도 있고
　악한 거지도 있어.
　부자면 나쁘다는 게 아니야.
　무기력하게 가난하게 살라는 것도 아니야.

　자발적으로,
　갚을 수 없는 선물을 받았으니

다 갚을 수는 없겠지만
조금이라도 갚아보려는 노력을
해보자는 거지.

내가 만난 예수님은
족방에서, 후미진 뒷골목에서
그들을 위해 울고 기도하는
분이셔.

내가 만난 예수님이
네가 만난 예수님과 같다면
우 리   좀   예 수 님 처 럼   멋 지 게   살 자 .

나는 스타벅스에서
예수님을 만나지 못했거든.

#자발적 가난   #더불어 삶   #뒷골목 예수

💬 사과 받고도
    찝찝한 이 기분 뭐죠?

💬 너는 사과를 잘 받아 주는데
    왜 돌아오는 반응은 시답지 않은지
    진짜 알고 싶니?

    그래, 너는 사과를 잘 받아.
    가끔은 너도 그런다며 상대방의 실수를
    공감해 주기도 하고,
    사실 꼼꼼하고 계획적인 성격이라
    실수는 잘 하지 않는데도
    사과를 받아 주기 위해 그럴 수도 있다고
    말해 줄 때도 있지.

    그런데 왜!
    넌 큰맘 먹고 사과를 받아 주는데!

왜 상대방의 마음이 말랑해지는 게 아니라
오히려 딱딱해지는 느낌이 드냐고?
그래, 그건 뭐냐면 말이야.
네가 사과를 받는 데서 끝내지 않기 때문이야.
탐스럽고 붉은 사과를 그냥 받으면 되는데
넌 사과를 받아서 그 앞에서 바로 쪼개서
씨가 있는지 확인해 보려고 하잖아.
그리고 "사과가 맞군요"라는 말까지 해주고 싶어 하지.

그 냥   받 아   주 는   걸 로   끝 내 .
그럴 수도 있지, 나도 그런 적 많아
그걸로 끝내라고.

너의 이해심 뒤에는 '그런데'로 시작하는 과도가 있어.
그 과도는 언제나 옳아. 정확히 반을 자르거든.
그런데 그건 예의가 아니라며,
그런데 다음부터는 그러면 안 되는 거라며
꼭 씨를 보여 주고야 말지.

그런데 말이다.
네가 보여 주는 사과의 속 말이야.

그거 너만 아는 게 아니야.

그게 사람에 대한 예의인지,

그게 얼마나 중요한 건지 상대방도 충분히 알아.

아는데 못해서, 아는데 실수해서

미안하단 거야.

생각해 봐.

모르는데 못했다고 사과하는 사람은 없어.

모르면 못했다는 것도 알 수 없어.

모르면 자신이 실수를 한 건지 어떻게 알겠어?

너는 모른다고 생각해서 알려 주고 싶은 거지만

상대방도 이미 다 알아.

사과를 주면서 안에 씨가 몇 개 있는지 다 아는데

네가 굳이 보여 주면서 "씨는 네 개인데 몰랐지요?" 하면

얼마나 어이없고 무안하겠니?

내가 정말 힘들 때 말이야.

내가 왜 힘든지 조목조목 말해 주며

어떻게 해야 하는지를 알려 주는 선생님보다

그냥 내 옆에 살짝 다가와서

어깨를 토닥토닥해 주는 선생님이 더 좋더라.

어깨에 남은 그 온기 덕분에
난 다시 일어날 수 있었어.

넌 사과를 주는 그 사람의 마음보다
네가 받은 게
정말 사과가 맞는지 알고 싶은 네 마음이 먼저인 거야.

그 마음을 접어.
사과 맞아.
진심으로 미안해서 말하는 거라고.

그러니까 그냥 받아서
너 혼자 방에 들어가서 예쁘게 깎아서 맛있게 먹어.

그 사람이 자신의 사과를 온전히 받아 준
네 손의 온기 덕분에 다시 해볼 수 있게 말이야.

#진심의 사과   #토닥토닥   #우리의 관계

💬 한마디 말에도
　　마음은 베인다고요

💬 전철역 안 어디에선가 외국인 커플이 다투는 소리가
들렸어.
어느 나라 말인지 모르겠지만 다툼인 것은 확실했지.
소리가 나는 쪽으로 고개를 돌려보니 정말
외국인 (내 눈에는 프랑스인으로 보이는) 남녀가 다투고
있더라.

말을 알아채기 이전의 소리.
그것만으로 우리는 사랑인지 미움인지
긍정인지 부정인지 구별할 수 있더라.

그리고 문득 머릿속에 나를 향한 질문들이 떠올랐어.
나는 누군가의 귀에 어떤 소리를 전달하는 사람일까.
아니,

내 소리를 가장 먼저 가장 가까이에서 듣는 내 귀는
내 소리를 어떻게 기억할까.
말에 대한 상처를 입었다고 했지?
그것에 대해 얘기해 주려고 했는데,
그 전에 말이야.
상처나 말보다 앞선 소리에 대해
묵상을 시작해 보면 어떨까?

우 리 는   어 떤   소 리 로   기 억 되 고   싶 은 지 ,
그 소리로 향하는 길목에 있는지 반대로 가고 있는지
말이야.

무릎이 닳을 때쯤
하나의 깨우침이 또 우리에게 올 거야.

#더불어 삶 #소리 묵상

💬 울부짖어야
   열렬한 기도는 아니잖아요

💬 반응하지 않고
   가만히 앉아 있다고
   거룩한 게 아니야.

   마음이 기쁘면 웃고
   가슴을 울리면 울고
   인간에게 주어진 감정을
   표현하며 살아야지.

   웃으면 경박하고
   울면 촌스러운 거라고 생각하니?
   난 인간의 희로애락만큼 거룩한 게
   없다고 생각하는데?
   귀한 자리에 갈 때는

정장을 입는 것보다
정성스럽게 입는 게 중요한 거지.
누구에겐 정장이 가장 흔한 옷이고
누구에겐 청바지가 가장 소중해.
무조건 정장을 하라는 건
쓸데없는 격식이지, 예의가 아니라고.
반응하지 않고 표현하지 않는 건
개념 없고 무례한 거지, 거룩이 아니라고.

정성 없는 정장을 입고
감정 없이 정자세로 앉아 있는 걸
거룩이라고 말한다면
어른을 보고 인사하지 않는 걸
성스럽다고 말하는 것과 다를 바 없어.

착각하지 마.
넌 그저 널 드러내는 게
두려울 뿐이니까.
보이는 것보다
가볍다는 얘기를 들을까 봐
겁나는 것뿐이야.

그런데 그거 알아?
널 드러내지 않으면
물 위에 뜬 기름처럼
평생을 섞이지 못하고 살아야 해.

이제 그 갑옷을 벗고 좀 자유해 봐.
그 자유 속에서
네가 삶으로 표현할 수 있는
진짜 거룩을 찾아.

삶으로 말해야 해.
입으로 말하게 되면
말하는 대로 살게 돼.

삶으로 말을 하면
자연스러운 울림이 있지만
말하는 대로 살게 되면
인위적인 노력을 거듭해야 해.
자신의 말에 삶을 구겨 넣어야 하니
얼마나 힘들겠어?

그건 철저하게 외로운 일이야.

삶으로 말하는 사람에게는
무조건 편이 되어 주는 사람들이 있고
입으로 말하는 사람에게는
아무도 편이 되어 줄 수 없는 거니까.

#거룩 #말보다 삶 #크리스천

💬 뭐, 나만 아니라면…

💬 어제 내가 탑승한 KTX 열차가
갑자기 멈춰 섰다.
나를 포함한 승객들은
왠지 모를 불안함에 사로잡혔고,
승무원은 영등포역의 사고로 인한
연착이라는 말을 전했지.

승객들은 일제히 스마트폰을 이용해
약속을 미루고
부모님께 괜찮다는 인사를 전하며
재난 영화의 한 장면을 연출했어.

잠시 후,
스마트폰을 뒤적이던 누군가가 말했어.

"영등포역에서 웬 여자가 투신한 거래요."
그 말을 들은 승객들은 이름도 모르는
그 여성에게 악을 쓰기 시작했지.
"어떤 미친년이 열차에 뛰어들어?"
"아니, 그냥 옥상에서 뛰어내리지
왜 하필 기차에 뛰어들어
내 계획을 방해해?"
"꼭 죽지도 못할 것들이 생쇼를 하고 난리지."

나는 사방에서 터져 나오는
차가운 소리들을 들으며
사람이란 동물이 새삼 무서워졌어.
사람처럼 사람에게
이처럼 냉정하고
잔인한 존재가 있을까?
동종(同種)의 생사를 앞에 두고
사연도 이유도 알지 못하면서
무조건 이렇게 악다구니를 해대는
동물이 또 있을까?

정말 아무도 없었어.

그 사람이 죽었는지 살았는지에 대해
궁금해하거나 걱정하는 사람은.

40분 만에 열차가 출발했어.
사람들은 평온을 찾았지.
마치 아무 일도 없는 것처럼
스마트폰을 보고 잠을 자고
음악을 듣거나 잡지를 폈어.

우리는 어디까지는 사람이겠지만,
또 얼마큼은 사람이 아닐지도 모르겠다는 생각이
내 머릿속을 헤집어 놓았지.

나는 예상보다 50분 늦게
서울에 도착했어.

유난히 찬 바람이 나를 맞아 주었을 뿐,
서울은 언제나 그랬던 것처럼
아무 일도 없었다며
천연덕스러운 얼굴로 존재하고 있었지.

역사에는 그녀가 구출되었다는
뉴스가 흘러 나오고 있었지만,
그 안도의 소식을 듣는 사람은
아무도 없었어.

표를 환불하려고
매표 창구로 향하는 사람들이
내 앞을 획획 지나갔어.

우 리 에 게   사 람 의   비 율 이 란
과 연   얼 마 큼 일 까 ?

#사람의 비율 #타인의 안부 #우리의 관계

💬 덩치만 크면 다인가요?

💬 크다고 다 나쁜 것이 아니고
작다고 다 착한 것이 아니야.

큰 녀석 한두 명이 잘못했다고
넌 덩치가 큰 게 잘못이야
할 수 없는 것처럼

큰 건물 몇 곳의 문제가 불거졌다고
대형은 다 나쁘다는 시선은
참 단순하고 어이없는 거지.

크고 작음에는 이유가 있어.

다만

그 안에 사람이 있어야지.
건물보다 중요한
사람의 공동체가 있고
그 공동체가 건물의 이유를
대변할 수 있다면 되는 거지.

착한 부자도 봤고
나쁜 거지도 보았어.
부자라고 다 나쁜 것이 아니고
가난하다고 다 착한 것이 아니더라.

다만
누가 부자를 욕해도 떳떳한 부자여야 하고
누가 가난을 욕해도 당당한 가난이어야지.
그럼 되는 거지.

크 고 작 음 에 도   이 유 가   있 어 .

다 크고 다 작으면
세상의 조화를 추구할 필요가 있겠니?
크고 작은 것이 잘 어우러져야

그것이 조화이고
그것이 사람으로 살아가는 기쁨인 거지.

《더불어 숲》
그 책의 제목이 떠오르는 아침이다.

나도 너희도
정글이 아니라, 숲에 살았으면 좋겠다.

#더불어 삶 #우리가 사는 정글 #떳떳당당

💬 알고 있지만,
　　아무것도 못하겠어요

💬

난　너희가
조금　덜　똑똑했으면　좋겠어.

　　많이 아는 것.
　　그 앎이 자신이라 믿고
　　자신도 모르게 뻣뻣해지는 것.
　　잘못 알고 있다는 걸 모르는 것.
　　잘못 알고 있다고 깨닫기에는
　　이미 너무 뻣뻣해져 버린 것.
　　알지 않아도 될 것을 알아 버린 것.
　　그래서 쓸데없는 고민으로
　　시간을 고민하며 뻣뻣하게 굳은 것.

적당한 앎을 넘어가는 것.
경험과 연륜이 없이 앎만 느는 것.
그러면서도 많이 알지 못해
아무것도 하지 못한다고 말하는 것.
위험해.

많이 알고 나서
뭘 한다고 말하지 마.
지금부터 하지 않으면
아무것도 할 수 없어.
많이 알지 못해서
못 한다고 하지 마.
내가 지금 하고 있는 모든 것은
무식해서 가능했어.
그리고 내가 좋아하는 어른들도
무턱대고 저질렀다고 말씀하셔.

머릿속에 예정된 순서를 바꿔.
앎으로 실천하는 것이 아니라
실천하면서 알아 가는 거야.

#덜 똑똑 #실천 #말보다 삶

💬 내가 불우 이웃인 걸요

💬 "부자가 되면 후원할게."
"에이, 그 정도 연봉이면 누가 못 해."
"다 잘되면 퍼줄 수 있는 거야."

흔히들 이렇게 말하지.
나도 그렇게 생각할 때도 있었지.
그런데 아니더라.
나처럼 부족한 사람도 수입이 늘었다고
내 살림, 내 밥, 내 옷을 챙기고 있더라.
좀 살 만해지니까 더 살려고 하는 게
사람인 모양이더라.
얼마나 반성했는지 뼈가 다 아팠어.

있어서 나눈다는 건

어쩌면 없을 때보다
훨씬 힘든 일이야.

우리,
없 지 만　좀　나 누 며　살 아　보 자 .
이 땅에서 인생 한번, 스스로 꼬아 보자.
뭐 어차피 천국 갈 거잖아.

#나눔 　#뼈 아픈 반성 　#넘쳐나는 이기

💬 사과를 잘못했다는 게 아니야.

사과는 잘했어.

그런데 사과 이후를 생각해 보자.

네 개인적인 상황과 기분으로

네가 속한 그룹을 곤란하게 만든 건 사실이잖아.

너도 뒤늦게야 그걸 깨닫고 사과를 한 거고.

그러니까,

버스가 지나가고 나서 네가 손을 흔든 거지.

그거 알아?

손 흔들었다고 멈춰 주면 기사 아저씨도 징계를 받아.

그건 정류장에 멈췄을 때만 승객을 태우겠다는

규율을 어긴 거거든.

그걸 감수하고 널 위해 버스를 멈춰 준 거야.
그런데 넌, 네가 손을 흔들어서 멈췄으니
손을 흔들지 않은 것보다 백 배 나은 자신을
칭찬하고 말 거야?
그 무슨 호랑말코 같은 행동이야?
멈춰 줬으니 고맙다고 말하고,
가방에 든 빵이라도 꺼내서
건네는 정도의 성의는 보여야 할 거 아니야.

사과를 한 너에게서 사과가 끝나는 게 아니라
받아 준 그들에게서 사과가 시작되는 거야.
사과를 하고 나서 네 삶이 똑같다면
네 사과에 깃들어 있던 영혼은 공기 중으로
날아가 버리는 거라고.
사과를 받아 준 그들에게
넌 무엇으로 고마움을 전할지 고민해야지.

버스를 세워 준 후에 감사 인사 한마디 없이
자리에 앉아서 통화만 하고 있는 네 모습을 보며
기사 아저씨는 생각하겠지.
다시는 착한 척 따위 하지 않겠다고 말이야.

너의 "미안해" 한마디로 종결된 사과는
그들의 "괜찮아, 우리가 이해할게"까지 착한 척으로
추락시켜 버린 거야.

받아 준 그들에게
진심으로 네가 사과했다는 걸
이제 말이 아닌 삶으로 보여 줘.
일찍 가서 청소를 하든지, 간식을 준비하든지,
편지를 써가지고 가든지, 네 방식대로
진심의 퍼포먼스를 시작할 때야.

말이 아무리 진심이었다고 해도
삶을 동반하지 않으면 영혼을 담을 수 없어.
삶이 따르지 않는 말은
곧 '진심인 척'으로 추락해 버리는 허상일 뿐이야.

#사과의 시작   #말보다 삶   #영혼 없는 진심

💬 범사에 감사하기
참 어려워요

💬 네가 감사의 말을 하지 않는 건
너에게 감사의 조건이 없는 게 아니라
그저 마음의 여유가 없는 게 아닐까?

얼마 전에
온몸의 근육이 굳어 가는 병,
루게릭 환우들을 위한 자선 콘서트에 갔었어.

내 옆에는 들을 수 없고
이제 보는 것조차 어려워진
친구가 있었지.

나는
사회자의 말 한마디도

놓치지 않고 전달하기 위해
아이패드에 열심히
타이핑을 해서 보여 주었어.

직업병으로 약해진 손목이 통증을 호소했지만,
션의 랩을 들을 수 없고
악동뮤지션의 라이브를
즐길 수 없는 친구 옆에서
하염없이 눈물이 나더라.

통증마저 감사였고
감사조차 회개였어.

몸이 굳어 가는 루게릭 환우들은
분노조차 감사라고 말해.
결국 분노를 표현할 수조차 없이
온몸의 근육이 딱딱해지니까.

네 가 감 사 할 수 없 는 건
마음의 근육이 딱딱해졌기 때문이…
아닐까?

#마음의 근육   #매일 감사   #더불어 삶

💬 한번 깨진 그릇은
그걸로 끝이잖아요

💬 온통 깨진 그릇뿐이야.
너도 나도 여기저기 깨졌다고
아우성을 치고 있잖아.

그런데 말이야.
왜 저렇게 간격을 두고 있을까?
서로 닿아서 살갗을 느끼며
두런두런 얘기 나눌 생각은 않고….

각자 모양이 달라서 하나가 될 수 없다고?
깨진 부위가 달라서 붙여 봤자 틈이 생긴다고?

뭐, 음식만 퓨전이란 법 있어?
그릇도 퓨전으로 만들면 되지.

서로 다른 조각들이 닿아 하나가 되면
그게 진정한 퓨전 아니야?

그 릇   애 기 냐 고 ?
　아니! 사람!
　아니! 바로 나!
　그리고 너!

#우리의 관계　#다름　#진정한 퓨전

💬 이렇게 앞이 캄캄한데
　어떻게 가요

💬 앞이 보이지 않아도 시작하는 사람들에게는
　남다른 시각이 있는 거야.
　보고 나서 시작한다면
　절대 그걸 가질 수는 없어.

　안개가 있어도 걷는 사람들의 용기를
　맑게 갠 날에만 걷는 사람들은
　죽었다 깨어나도 얻을 수 없는 것처럼.

멈 춰 !
　눈치 보며 남의 길을 가는,
　가면서도 두려워하는 네 심장의
　느린 박동 수 따위는 중요하지 않아.
　그게 살아 있는 거라는 핑계는

겨우 살고 싶은 사람들에게나 통하는 거지.
내가 말하는 건
간신히 이기는 게 아니라
이기고도 남는 거야.

가!
기적은 이미 일어나고 있어.
아직 네 전성기가 오지 않았을 뿐이야.

#실천 #크리스천 #기적은 이미

💬 진짜 내 반쪽이 있을까요?

💬

완 전 히   맞 는   사 람 은
이   세 상 에   없 어 .

손 꼭 잡고 가는 노부부가
젊었을 때부터 지금까지 사랑만 했을 거라고 생각해?
아닐 거야.
정말 아니다, 정말 아니다.
정말 맞지 않는다, 정말 다르다.
이런 험한 생각의 고개를 넘고 또 넘고
그러다 어느 고개쯤
마주 보고 왈칵 쏟아진 눈물의 지점에서
어느 한쪽이 먼저 손을 내밀었던 거야.

완전히 맞아서 평생을 손잡고 가는 사랑을 꿈꿨다면
그건 그야말로 꿈이야.
소설이나 드라마에서 볼 법한 신기루인 거지.

세월을 견디고 넘기고
사람을 이해하고 수용하고
그러다가 헤어질 이유가 없어지는 건,
그 사람과 잘 맞아서가 아니라
더 이상 맞출 필요가 없어지는 거야.
있는 그대로를 사랑하게 되어 버리거든.

있는 그대로
네 상처 네 실수 네 버릇 네 단점
그런 걸 다 알아 버리면
너보다 나를
내 잘못 내 고집을 탓하게 되거든.

그 미안한 순간에 손잡고
사랑은 여전히 사랑이구나 하며 웃을 수 있는 거라고.

그래서 사랑이 무서운 거야.

알고 보니 유리컵이 아니라 질그릇인데,
보면 볼수록 그렇게 예쁠 수가 없어서.
분명히 다른 사람 눈에는 아닐 텐데
오직 너에게만 예쁜 거라서.

#반쪽 #제 눈에 안경 #무서운 사랑

💬 세상에 믿을 사람 없다더니…

💬 난 사람들이 뭐 하나 가지고 난리면
　 그 속에 진실이 있다는 게 잘 믿기지 않아.

　 고등학교 때,
　 야자 쉬는 시간이면 늘 정문 앞을 지키는
　 할머니에게 뛰어갔어.
　 할머니가 파는 꼬마김밥은 정말 맛있었거든.

　 우리는 그 김밥 때문에
　 야자가 끝나는 시간보다
　 쉬는 시간을 더 기다렸지.

　 그런데 어느 날
　 아이들이 뉴스를 봤다면서

김밥을 안 먹겠다는 거야.
길에서 파는 김밥에서
식중독을 유발하는 뭐가 나왔다고 했다나.
우리 학교 앞에서 김밥을 팔아
생계를 유지하던 할머니의 숨이
그 망할 뉴스 때문에 끊어지게 생긴 거야.

나도 며칠은 애들에게 휩쓸려 김밥을
사 먹지 않았는데, 안 되겠더라고.
며칠을 식중독 보고서니,
식중독 리포트니 방송을 하는데
자꾸 김밥 하나 가지고 난리 치니
믿기질 않는 거야.

며칠 후,
난 모아 두었던 용돈을 다 가지고
학교에 갔어.
야자 쉬는 시간이 되었고,
할머니에게 가서
"오늘 싸 오신 김밥 다 주세요" 했지.
그걸 교실로 다 가지고 가서

애들 보란 듯이
꾸역꾸역 먹었어.
그때부터 내 위는 대단했거든.

나는 식중독은커녕
배탈도 나지 않았고
그다음 날부터 아이들은 다시
김밥을 먹기 시작했어.

또 하나.
경제가 발전하고 GNP가 상승했다고
뉴스에서 난리를 칠 때 우리 집엔
빨간 딱지가 붙었어. 경제 위기라고
난리 났을 때도 승승장구하던 우리 아빠였는데,
그때 주저앉더라고.

난 그래서 말이야.
모든 사람들이 입을 모아
한 가지 이슈에 대해 비판하면
그대로 믿기지 않아.
뭔가 지능적으로 왜곡되고

풍선처럼 부풀려진 것 같은 냄새가 나.

그 래 .   알 아 .
    내가 바보가 아닌 이상
    전체와 일부의 오류,
    다수와 소수의 불일치 정도
    인지하지 못하겠어?

    내가 말하고 싶은 건 그게 아니야.
    나는 모두가 하나를 가지고
    난리를 치면
    그게 그냥 막장 드라마 같다고.

    특히 언론이 뭐 하나 붙잡고 죽자고 들면,
    지들이 죽을까 봐
    뭘 만드는 걸로 밖에 안 보여.

    그냥, 나는 그래.

#언론의 횡포   #막장 드라마   #사람 냄새

💬 난 가만히 있었는데…

💬 문제는 말이야,
원인을 외부에서 찾기 시작하면
더욱 부풀어 오를 뿐이야.

네 맘 속의 작은 먼지가 있어.
그걸 찾아서 툴툴 털어 내.
그게 먼저야.

모든 원인이 바깥에 있다고 말하지 마.
바깥의 문제만 없으면 네가 온전할 거라고 변명하지 마.
그건 너의 바람일 뿐이야.

네가 바깥의 먼지에 돋보기를 대고
연구하고 분석하고 비판하는 동안

네 먼지는 스스로 자라나.
어느새 걷잡을 수 없이 커져서
네 맘을 점령할지도 몰라.

언제나 문제의 결정적인 원인은
내부에 있어.
누구 때문이라고 생각하고
그 상황이나 환경 때문이라고 믿으면
잠시 네 맘이 편할지 몰라도
오래 네 삶이 불편해지는 거야.

우 선   네   맘 을   들 여 다   봐 .
돋보기를 들이대고 연구하고
분석하고 비판해.
그리고 네가 바꿀 수 있는 것을 바꾸고
실천할 수 있는 것을 실천해.

상대방이나 상황이나 환경,
그러니까 바깥은 쉽게 바뀌지 않아.
그렇다면 바깥을 보는 네 시선을
바꾸는 게 지혜롭지 않겠어?

평화는
너로부터 시작되는 거야.

#나로부터 #강 같은 평화 #더불어 삶

💬 돈이면 다인 세상 아닌가요?

💬 너는 그게 문제야.

네 눈에는 사람들이
다 돈을 원하는 걸로 보이잖아.
돈이나 자신의 이익이 목적인 걸로 보이잖아.
그러니까 그런 결론밖에 내지 못하는 거야.

네가 생각하는 것처럼 돈을 위한 문제도 있지만
그것보다 더 많은 건 마음의 문제야.

네 식대로 생각하면 돈을 아주 많이 준다는데도
정의를 지키기 위해 거부하는 사람들은
절대 이해가 안 되는 거잖아.
그런데 마음의 문제라면 이해할 수 있어.

네가 돈으로 물건을 살 때
사람들은 마음을 사거든.
마음이 놀라운 건 뭔지 알아?
마음은 공짜라는 거야.

진 심 !
돈으로는 절대 살 수 없는 그것이
이 맘에서 저 맘으로 왔다 갔다 하면
자신도 모르게 마음을 주게 되는 거지.

너는 모르지?
마음을 사는 맛이 사람 사는 맛이란 거.
그 맛을 한 번도 못 누리고 살면
사람 냄새가 안 나는 거야.

잘못한 건 깨끗하게
잘못했다 인정하고 무릎 꿇어.
진심으로 그렇게 하는 것이
사람의 범주 안에 들 수 있는 길이야.

진심,

그건 돈으로 절대 살 수 없지만
모든 사람에게 다 있거든.
사람이라면 다 가지고 있는 거야.

우선
네 안에서 그걸 찾아 봐.
그게 먼저야.

#진심부터 #사람 냄새 #머니가 뭐라고

야매상담

💬 잘못을 인정해.
그리고 같은 잘못을 계속 저지르지 않도록 주의해.

학창 시절에 '단체기합'이란 것이 있었지.
내가 잘못하지도 않았는데
같은 반 친구가 잘못하면
반 아이들 전체가 걸상을 들고 서 있었지.
그렇게 억울한 일이 또 있을까?

그런데 말이야, 신기한 건
반 친구들은 단체기합을 받게 한 그 친구를
미워하지 않았다는 거야.
같은 반 친구라고 인정했기 때문이지.
그리스도인들도 단체기합 받을 일이 참 많았지.

세금포탈, 성폭행, 부정수입 등
세상의 문제인 줄만 알았던 사건들이
우리 속에 침입했어.
우리는 명백한 문제를 인정할 수밖에 없었고,
당사자가 시인해 주기를 바라기도 했지.
마음이 찢어질 것처럼 아팠어.
그러나 우리는 우리를 벌 받게 한 그들을
미워하지 않으려고 노력했어.
그리스도 안의 한 가족이라고 믿었기 때문이지.

그런데 말이야, 그렇게 반성의 기회를 주는데도
끝가지 잘못을 시인하지 않거나
같은 잘못을 계속 저지르면
그들을 가족이라고 감싸기가 참 힘들잖아.
오히려 사람들이 가족이라고 보면
다 그런 건 아니라고 변명하기 바쁘지.

나는 그런 생각이 들더라.
묵묵히 그리스도의 사랑을 실천하고 있는
다수의 사람들이
문제를 일으키는 일부의 사람들 때문에 벌 받지 않았으면 좋겠다는 생각.

학창 시절에도 그랬어.

단체기합을 받게 한 친구가 잘못을 부인하거나

계속해서 잘못을 저지르면

그 친구를 싫어하거나 멀리했지.

그 친구를 '친구'라고 인정하기가 힘들어졌기 때문이야.

너와 함께 공동체에 속해 있는 사람들도 같은 마음일 거야.

정말 친구이고 싶고 정말 가족이고 싶을 거야.

그러니까 우선 잘못을 인정하고

다 시   반 복 하 는   일 이   없 도 록

조 심 해 .

단체기합을 받은 친구들이 뭐라고 하지 않더라도

단체기합을 받게 한 친구는 스스로 반성하고

달라지는 모습을 보여 줘야 해.

그건

사람에 대한 예의인 거야.

#사람 냄새 #한국교회 #단체기합

겁내지 마

💬 이마저도 줘버리면
나는 빈털터리가 될 텐데요

💬 그것 봐,
채워지길 바라는 것보다 완전히 비우는 게 먼저랬잖아.

그 밑바닥에 조금 있는 물을 비우지 못하고
자꾸 채워지기만 바라니까
채워져도 느끼지 못하는 거야.
게다가 지금 있는 물은 너무 더럽잖아.
그러니까 채워져도 못 느끼는 거야.
채워져도 여전히 구정물이니까.

겁 내 지   마 .
분명히 다시 채워져.
믿고 버려. 완전히 비워.
그럼 다시 맑은 물이 채워질 거야.

이 땅의 청춘들에게

한 방울이어도 느껴질 만큼
청아한 소리를 내면서 말이야.

그 소리, 그 느낌
너도 알았으면 좋겠어.

사라진다고 생각하지 마.
하나도 없는 것만 보며 판단하지 마.

하나도 없다는 건,
새로 채워지는 걸 경험할 수 있다는
무한한 가능성이야.

#나눔 #완전히 비움 #진한 한 방울

💬 믿을 만한 사람일까요?

💬 그 애가 믿을 만하냐고?
믿을 만한 사람도 있냐?
그냥 믿으면 되는 거지.

어제와 그제,
난 참 행복했어.
내가 아주 좋아하는 청소년 캠프 두 곳에 다녀왔거든.
그 두 캠프는 특별해.
나를 신뢰하고 지지해 주는 두 분의 사역자가 주최하는
캠프거든.

그분들은 내가 강의를 시작하고 알려지고 나서
사랑해 주시는 분들이 아니야.
내가 아주 먼지 같던 시절부터 사랑해 주신 분들이지.

뭐, 지금도 먼지지만.
지금은 조금 큰 먼지라면
그때는 정말 보이지도 않는 미세 먼지랄까?

그 두 분이 사랑을 가득 담은 멘트로
직접 소개해 준 후에
내가 올라가서 강의를 했는데,
올라가는 발걸음부터 자신감이 생겨서 아주 신나게
강의를 했어.
'잘할 거야. 그리고 조금 부족해도 실망하지 않고
내 다음을 믿어 주실 거야.'
이런 생각이 드니까, 두려움이 싹 사라지더라.

보통 우리는 말이야,
믿을 만한 행동을 해야 믿고,
믿을 만큼 성장해야 믿는 것 같아.
그런데 그런 건 아무나 다 하는 거잖아.
그리고 우리 중에 아무나가 되고 싶은 사람은 없을걸?

믿 을   만 해 지 기   전 에   믿 어   줘 .
절대 믿지 못할 거 같아도 믿어 주고,

다음을 미리 믿어 줘.
그럼 그 믿음이 거름이 되어, 그 사람을 성장시켜.

미래를 미리 알려고 하는 것은 어리석은 행동이지만,
미래에서 믿음을 꾸어 오는 것은 지혜로운 행동이라는 거,
기억했으면 좋겠어.

#믿음   #우리의 관계   #백그라운드

💬 그래, 네 말이 맞아. 물론 함께 가야지.
'빨리 가려면 혼자 가고 멀리 가려면 함께 가라'는
인디언 속담도 있잖아.

그러니까 내 말은,
함께 가지 말라는 게 아니야.
넌 손잡고 함께 가려는 올바른 생각을 가지고 있는데,
사람들이 따라오지 않는다고 투덜대고 있잖아.
난 그 부분을 얘기하고 싶은 거야.

네 생각대로 손을 잡고 같이 가야 할 사람도 있지만,
업고 가야 하는 아이도 있는 거야.
이제 막 혼자 걷기 시작한 사람은 앞세워 걷게 하고
뒤따라 가주면 돼.

장난기가 많은 아이는 무등을 태워서 가야지.

무턱대고 손 내민 채로 투덜대지 말고 주의 깊게 살펴봐.
누굴 업고 가야 하고 누굴 앞세워 걷게 할지 말이야.
손잡을 사람은 잡고, 무등 태울 사람은 번쩍 들어도 돼.
그리고 걸어.
네 말대로 다 함께, 한 걸음씩, 천천히.

늦 지 않 으 니 까   걱 정   마 .
방향이 잘 정해지면 속도는 자동으로 따라붙을 거야.
아무리 좋은 의도라도 너만의 방식을 고수하면
사람들은 그걸 권력으로 느낄 수도 있다는 거, 잊지 말고.

#리더십 #청년부 #우리의 관계

💬 살면서 이건 꼭 해야 한다
하는 게 있나요?

💬 살다 보면
꼭 지켜야 할 몇 가지가 있는데
그중 하나가
장례식에는 꼭 가야 한다는 거야.
결혼식은 몰라도 장례식은 목숨 걸고 가야 해.

사실 나는 엄마를 잃은 후에 그걸 알았어.
먼 길 와준 사람들이
어찌나 고맙고 위안이 되던지,
어떻게 말로 표현할 수가 없더라고.

주위 사람들의 장례 소식을 듣거든
친분이나 이것저것 따지지 말고
웬만하면 가는 게 좋아.

그 고마움이 참 오랫동안 힘이 되거든.
그리고
장례 이후에도 문자 하나 말 한마디를
신경 써주는 사람이 되었으면 좋겠어.

엄마 장례식 때 말이야,
천하의 울보인 내가 신기하게도 많이 울지 않았어.
신경이 날카로워진 이모들은
별로 슬프지 않냐며 쓴소리를 해댔지.
말이 다 말은 아닌데 사람들은 가끔 입에서 나오면
다 말인 줄 알 때가 있는 거 같아.

그런데 나도 내가 왜 그랬는지 몰랐어.
드라마만 봐도 목 놓아 우는 애가
엄마의 죽음 앞에 어떻게 그토록 의연했을까?
그런데 집에 오니
그 이유가 내 눈앞에서 악수를 건네더라.

그 이유의 이름은 '실감'이었어.
엄마가 밥을 차려 주던 식탁 앞에
엄마가 누웠던 방에

엄마가 보던 텔레비전 앞에
실감이 따라다니며 나를 울렸지.
자, 여기에 엄마는 없어. 여기에도 없어
이렇게 지껄이는 실감이 얼마나 밉던지….
눈이 돌아갈 것처럼 노려보며 울었지.

큰 충격 앞에 사람들은 실감을 잃어.
그리고 그 실감이 실제로 눈앞에 보일 때까지
시간이 필요해.
그리고 그 시간의 무게를 더한 만큼 아프지.

우리 엄마가 천국에 가기 전에
장례식장에 가면 장례를 치르며 겪을 아픔이
걱정되었어.
하지만 엄마의 장례를 치른 이후에는 달라졌어.
장례를 치르고 난 후
집 안 곳곳에서 실감을 마주하며 겪을 아픔이 걱정돼.
사람은 겪은 만큼만 마음을 넓히는, 아주 어리석은
동물인 모양이야.

엄마를 보내고 벌써 열두 해가 흘렀어.

그런데 아직도 가끔 실감을 마주하면 가슴이 아린다.

그 러 니 까   장 례 식 은   꼭   가 .
그리고 장례식 이후에 실감과 씨름하고 있을 시간에
마음을 보태 줘.

아마 받는 사람은
네가 준 위로보다 훨씬 더 큰 위로를 받을 거야.

| #장례식 | #더불어 삶 | #위로 | #실감 |

💬 나는 마음을 열었는데…

💬 지인이 말했어. 마음을 열지 않는 사람에겐
마음 한 자락도 보이기 싫다고. 마음을 열 준비가 된
사람하고만 마주하고 싶다고.

그래, 살다 보면 나만 마음을 열고 있다는 걸 깨닫는
순간이 있잖아. 그럴 때는 말이야. 나는 발가벗고 있는데
상대방은 말끔하게 정장을 차려입은 느낌이 들어. 뒤늦게
깨닫고 애써 무안함을 감추며 주섬주섬 옷을 입어도
이미 때는 늦은 거야. 급하게 주워 입은 옷이 하필이면
구멍 숭숭 뚫린 내복이거든.

나는 그렇게 지인의 말에 동의를 표했어. 어느새
감정이입의 절정에 도달한 나는, 열변을 토했지. 다들
바빠서 얼굴 마주할 시간도 겨우 마련하는데, 이왕이면

나와 같이 마음을 연 사람하고 마주하고 싶지. 조금 더
욕심을 내자면 말이야. 마음을 열어젖힌 모양도 같았으면
좋겠다. 그 사람이 창을 열었으면 나도 창만 열고,
그 사람이 문까지 열어젖혔으면 나도 문을 활짝 열고
싶어. 그런데 말이야. 내가 내복만 입고 있다는 사실을
깨달았을 때, 이미 상대방을 사랑한 다음이라면 어쩌지?
내복 입은 내 모습도 사랑하기를 바랄 수밖에 없는 건가?

지인은 갑자기 킥킥거렸어. 이 녀석, 어느새 연인과의
통화에 푹 빠져 나는 실종신고 낸 형국이었지.
내 마음은 갑자기 격한 외로움을 표하며 말했어. 그래,
뭐 갑자기 정장으로 갈아입기 곤란하다면 어쩔 수 없지.
뭘 어쩌겠어?

통화를 끝낸 지인이 물었어. 너, 뭐라고 했어? 나는 버럭
소리를 질렀어. 네 마음이 정장을 입었다면, 네 연인의
마음도 커플룩으로 맞춰 주길 간절히 바라는 바라고
말이야.

마음도 커플룩 입고 똑같이 한 걸음씩 나아가면 좋긴
하겠다는 생각을 하다가 '아차' 싶더라. 사랑은 그런 것도

필요 없어야 하는 거 아니야? 어차피 사랑은 이미 모든
자락을 들킨 상태잖아.

#마음의 커플룩 #우리의 관계 #사랑한다면

💬 지나고 나면
   청년의 때가 그립겠죠?

💬 나는 프리랜서다. 아니, 랜서이긴 한데
프리하지는 않다. 오늘 예배를 마치고 눈썹 휘날리며
달려와서(달리기라면 질색. 100미터를 20초에 뛴 내가 원고
때문에 무섭게 달림), 헐레벌떡 컴 앞에 앉아 기계처럼
원고를 썼어. 그리고 잠깐 커피 타임을 갖는데, 아까
달려오면서 보았던 청년들이 부럽더라. 청년들은
느긋하게 소그룹 모임을 하고 있었거든. 뭐, 부러운 건
부러운 거고, 우선 눈앞의 불부터 꺼야지. 다시 열심히
원고를 썼어. 그런데 원고가 윤곽을 드러내고, 정신없이
달려오며 빠졌던 정신을 다시 찾아서 탑재하고 나니,
청년들에게 하고 싶은 한마디가 생각났어.
"즐겨라, 마음껏! 너희도 한순간에 훅! 간다.
중년의 그날이 도적같이 오리라!"

#청년　#시간이 흐른 뒤　#일상과 이상　#곧 중년

💬 사랑하면서도
자꾸 계산하게 돼요

💬 오직 하나면 족했어.
정확히 언제부터 언제까지인지 모르겠지만,
분명 그랬던 시기가 있었어.

오직 사랑이면,
오직 책이면,
오직 공연이면,
오직 일이면,
입이 헤 벌어지고 눈이 새우등처럼 굽어지던
그 환희의 날들.

그런데 오직 하나만으로 살 수 없다는 걸 알아 버렸지.
사랑이 있으면 돈도 있어야 하고,
책이 있으면 단골 카페의 편한 의자가 배경이어야 하고,

공연을 보고 나면 아이를 찾으러 달려가지 않아도 되는
여유가 패키지로 있어야 하고,
일이 있으면 쉼도 뒤따라야 해.

그런 날이 오면 더 기쁠 줄 알았는데
그런 날이 오니 기쁠 시간이 없어.

그 러 니 까   오 직   하 나 면   족 한   그 때 에
너희는 좀 목숨 걸고 사랑해 봐라.

벌써 하나로 족하지 않다고?
그건 참으로 안타까운 시대의 비극이며
청춘에 대한 무지막지한 무례함이지.
세상과 연인이 동일시되는 시간에
너를 맡겨 봐.

시간이 지나면 알게 될 거야.
목숨 걸고 사랑했던 시간이
가장 생생히 살아 있던 순간이었음을.

#사랑해   #오직 사랑   #if only

💬 내 삶이니
내 행복이 우선 아닌가요?

💬 잊혀지는 것과 잊혀질 수 없는 것. 잊을 수 있는 것과
잊을 수 없는 것. 잊어야만 하는 것과 죽어도 잊을 수
없는 것에 대한 생각들로 목이 메곤 해. 단 일주일만 하고
싶은 대로 살아 보고 싶기도 하고, 내가 믿는 하나님의
눈을 가리고 아웅 하고 싶기도 하고, 미친 척하고 싶기도
해. 그런데 이럴 때마다 내 발목을 잡는 건 '사람'이야.
사람답게 살고 싶고, 사람 냄새 나는 글을 쓰고 싶고,
사람이 느껴지는 강의를 하고 싶고, 사람을 숨 쉬게
하는 나눔을 실천하고 싶어. 내 사람들 덕분에 내가
살고 있고, 내가 있음으로 내 사람들이 행복하다면, 또
눈 한번 질끈 감고, 내 이기 따위는 발밑에 던져 버리고,
느리게 걸어야 해. 그것이 내가 사는 삶이고, 내가 사는
이유야. 오늘도 나를 숨 쉬게 하는 키워드는 '사람'이니까.
우리, 사람답게 살아 보자.

그가 정성스레 빚은 사람답게.

#사람 냄새   #넌 나의 비타민   #우리

💬 나도 나를
믿을 수가 없는데…

💬
나 는   한 번   믿 으 면   끝 까 지   믿 어 .
이유는 없어.
내가 알고 있는 믿음은 원래 그런 거야.

그런 내 모습을 어떤 사람은 무지 좋아라 하고,
어떤 사람은 똘끼라고 하고,
어떤 사람은 오지랖이라 해.
그런데 무엇이라고 규정되든 간에
나는 별로 굽힐 생각이 없어.

누군가는 나중에 맞을 뒤통수를,
그 상처를, 그 피 흘림을 예상하고 말리기도 해.
내가 믿는 대상이 마음에 들지 않는 누군가는,

그 대상에 대한 험담을 늘어놓기도 하고
왜 믿으면 안 되는지에 대해 늘어놓기도 해.
그런데 말이야.
믿음은 그 대상의 모습이
어느 순간 조금 실망스럽다고 해서 사라지는
신기루가 아니야.
정말 믿을 만한 것만 믿는 건 믿음이 아니야.
내가 믿는 사람이 정말 나쁘다고 해도,
그 사람이 나한테 보여 준 마음만은 진실임을 아는 것.
오롯이 이해하고 수긍하는 것.
그게 내가 아는 믿음이야.
나는 내가 믿는 믿음대로 살았어.
내가 뽑은 대통령을 믿었고,
내가 신뢰하는 총리를 믿었으며,
어려움에 처한 친구를 믿었고,
사랑을 갈구하는 제자들을 믿었어.
학교 공부에 흥미 없이 오로지 책만 파는 딸을 믿었고,
기독동화를 써서는 성공할 수 없다는 소리에 귀를 막는
나를 믿었어.

나는 오늘도 믿어.

내가 뽑은 국회의원을 믿고,
학교를 다니기 싫다는 내 제자가 성공할 것을 믿고,
돈을 훔치는 것이 습관처럼 보이는 아이가
사랑으로 변화될 것을 믿고,
성공할 수 없는 글을 써서 성공할 나를 믿어.

설령 내가 뒤통수를 맞고 피를 흘린다고 해도,
피를 흘릴 것을 예상하며 믿지 못하는 것보다,
지금 내 믿음에 설레는 사람이고 싶어.

특별한 이유는 없어.
내가 알고 있는 믿음은 원래 그런 거야.

자,
이제 너 자신도 믿을 수 없다고 말하는
네가 알고 있는 믿음을 말해 줘.

뭐가 문제야?

#삶의 지혜　#똘끼 충만　#믿을 수 있나요

💬 진심을 보여도
　소용없는 거 같아요

💬

진 심 은　힘 이　있 어 .
　그 힘은
　다른 건 잘 못해도
　사람의 마음을 움직이는 거 하나는 기똥차게 잘해.

　나는 언제부턴가 지하철 안 상인들에게 눈길을 주지
　않았어.
　구걸하는 장애인에게서도 눈길을 거두었지.
　이상하게도 이젠 그들이 짠하지 않아.

　그런데 오늘 나는
　지하철 안에서 파는 쑥떡 때문에 울컥하고 말았어.
　내 또래로 보이는 주부가

강원도에서 쑥을 뜯어서
설탕도 넣지 않고 집에서 만들었다며 떡을 파는 거야.
멘트에 기교 하나 섞이지 않았고, 가격도 정직했어.
그녀에게서 산 떡 두 팩을
보고 있는데 과거의 내가 겹치더라.
다시 글을 쓰고 싶어 미칠 뻔했던 두 아이의 엄마.
아무도 내 글을 안 읽어 주면 어쩌지 하며
두려워하던 눈동자.
한 줄도 써지지 않아 어린아이처럼 터졌던 울음.

진심은 통해.
어떤 상인에게도
심지어 휠체어를 타고 애걸하는 장애인에게도 느낄 수
없던 그 진심이
그녀에게서 묻어났어.

그래,
진심이면 되는 거야.
내 글에 묻어난 진심도
떡을 빚는 그녀의 손에서 묻어난 진심도
언젠간 많은 사람의 마음을 움직일 거야.

그게 바로 진심의 힘이야.
이렇게 눈물 나게 맛있는 떡
참 오랜만이야.

#진심이 움직이다 #우리의 관계 #수제 쑥떡

💬 걔는 진짜 재수 없어요

💬 사람은 만나 봐야 알아. 몇 번이고 만나 봐야 알아.
오래 보고 또 봐야 알아. 그래도 다 알 수는 없어.
평생을 걸쳐 만나도 지극히 작은 부분만 보았다고
생각해야 해. 그래서 사람을 함부로 이야기하는 행위는
세상에서 가장 경솔한 행위에
속하는 거야.

#우리의 관계　#뒷담화　#경솔　#보고 또 봐도

💬 죄송해요, 시간이 없었어요

💬 너,
정말 그 사람을 시간이 없어서 못 만났어?
그 강의는 시간이 없어서 못 들었고?

그건 핑계 아니야?
사람은 마음이 가는 것부터 해.
마음이 없으면 미루고 미루다가 못하게 되는 일이 많지.

나는 인문학 강의 듣는 걸 좋아해.
대학 때도 그랬는데
노느라고 강의 들으러 갈 시간이 없었어.
그때 더 많이 들을걸 엄청 후회하고 있지.

두 아이의 엄마가 인문학 강의를 듣는 방법이 뭔 줄

알아?

우선 현금서비스를 받아 강의비를 입금해.

군말 없이 돈을 빌려 주는 카드사에 경의를 표해야지.

방학 중인 큰아이와 실컷 놀아 줘.

큰아이를 데리고 작은아이가 있는 유치원으로 가.

두 아이를 데리고 택시를 타.

두 아이가 있는 친구에게 두 아이를 맡겨.

(다행히 친구가 작은 공방을 운영하고 있어서

수업비를 미리 지불하고 수업을 요청해 놓았어.)

남편의 저녁은 미리 준비해 두었고

아이들의 저녁은 친구에게 부탁하고

나의 저녁은 반납했어.

택시를 타고 강의 장소로 이동해.

강의실 의자에 앉아 숨을 고를 틈도 없이 강의가

시작되지.

오래전부터 가려웠던 부분을 시원하게 긁어 주는

국제 인권에 대한 강의를 들었지.

두 시간이 KTX보다 빠르게 지나갔어.

강의를 마치고, 쏜살같이 달려 전철에 올랐어.

이미 배 속으로 들어간 강의 내용을 되새김질하며

뿌듯했지.

힘들었지만, 그래도 해냈다고 스스로를 칭찬해 주었어.

너 말이야,
그 약속을 취소하고
그 강의를 듣지 못하고
그 모임에 나가지 못하고
그 사람을 만나지 못한 너!
미안하지만 넌 시간이 없는 게 아니야.
마음이 없을 뿐이지.

#바빠 #시간의 양 #말보다 삶

💬 '아버지'란 존재가 힘들어요

💬 아버지,
너에게도 참 힘든 이름이구나.
나도 마찬가지였어.

우리 아버지가 만들어 놓은 '내'가 있었지.
그 '나'는 온순하고 착했으며 살림을 잘하고
열 시 통금을 지키는 조선시대 '녀자'였어.
나는 무려 24년 동안 그 '나'를 사랑하고 믿었으며,
늘 그렇게 살았지.

그 이후에도 같았어.
그 '나'는 정말 온순하고 착했으며 살림을 잘하고
모유와 천기저귀를 고집하며 아이를 키우는
조선시대 '아녀자'였지.

그러나 평생 지켜지는 비밀은 없는 법이잖아.
머리카락을 물어뜯는 버릇이 있는
아이를 위해 머리카락을 싹둑 자르던 '나'의 마음속에는
그 '나'와 정반대인 실제의 '나'가 존재했거든.

실제의 '나'는 머리카락을 기르고 길러,
그 머리카락 핑계를 대고 탈출을 꿈꾸는
라푼젤이었어.
그리고 우리 아버지가 연출한 '조선시대 녀자'는
30년 롱런 끝에 과감히 사라졌지.

서른 살, 실제의 '나'는
과감히 탑 아래로 머리카락을 던지고 탈출을 감행했어.

나는 그 첫 느낌을 온전히 기억해.
발가락 하나 하나, 발가락 사이 실핏줄에도 스며들던
설렘,
온몸의 정신이 깨어나고, 혈관 속의 피가 널뛰기를 하고,
금방이라도 터질 것 같은 심장 덕에, 한참 동안 이어졌던
심호흡.
뒤통수에 달린 긴 머리카락이 나를 잡아당겨도

들판 위를 걸을 수 있다는 사실이 그렇게 가쁜 숨을
몰아쉬게 했었어.
나의 지인들은 이제 "너를 찾았구나"라며 함께 기뻐해
주었지만,
오로지 한 사람.
우리 아버지만이 인정하지 못할 뿐이었지.
하긴 어느 부모가 자식이 돌연변이라는 사실을 인정할 수
있겠어?

하지만 나는 그날을 기다려.
머리카락을 이용해서라도 탈출해야 했던 라푼젤이
사실은 돌연변이가 아니라 아버지와 똑 닮은
딸이라는 사실을,
나도 아버지도 인정하게 될 그날을.

언젠가 아버지와 나란히 서서 거울을 보게 될
그날이 오면 말할 거야.
아버지 때문에 참 많이 힘들었지만,
그래도 내 아버지이기 때문에 사랑할 수밖에 없었다고.

우리 그렇게 말할 수 있는 날까지

조금만 참고 가자.

아 버 지 도 그 게 사 랑 이 었 을 거 야 .

#아버지 #라푼젤 #탈출 #그날이 오면 #우리의 관계

야매상담

💬 나는 정말 괜찮지 않아요

💬 '괜찮아'와 '괜찮지 않다'는 종이 한 장 차이야.

어제의 나는, 좀 괜찮은 사람이었어.
강의 일정과 원고 일정을 조정하고
제자들의 야매상담 일정을 끼워 넣었지.
사랑받고 사랑을 줄 수 있다는 기쁨과
그래도 썩 괜찮게 살고 있다는 뿌듯함으로
살짝 목에 힘이 들어갔어.

＊

오늘의 나는, 목이 뚝 부러지고 납작해져 바닥에
들러붙었어.
내가 섬기고 있는 태교학교의 마지막 수업일인데
오늘 만들 딸랑이 개수가 모자랐어.
분명히 넉넉했던 딸랑이가 사라진 것을 확인하고

이 사태를 어떻게 해결할지 눈앞이 캄캄했지.
급히 선생님들이 속싸개를 사다 재단하여
재료를 만들고
나는 다음 수업을 앞으로 바꾸고 산모님들께 양해를
구했어.
그래도 다행이다 했는데 믹서기가 고장 났지.
한 선생님의 아이디어로,
채를 가져와서 블루베리를 넣고 손으로 으깨서 주스를
만들었어.
무사히 수업을 마치고 설거지를 하는데 컵 하나를
놓쳤지.
쨍그랑 소리에 정말 눈물이 나더라.
그때 매달 하고 있던 강의가 사정상 취소되었다는 문자가
왔지.
하루 만에 내가 괜찮지 않아진 거야.

어 제 와   오 늘 은   언 제 쯤   같 아 질 까 ?
언제쯤 자만과 겸손이 서로의 눈치를 보며 겨루지 않을
수 있을까?
그럴 때마다 정말 나 혼자 할 수 있는 건 아무것도
없다는 걸

일개 사람이라는 걸 깨달으며 다시 '괜찮아'로 발걸음을 옮기지.

다시 또 '괜찮아'로 가자.
'괜찮아'와 '괜찮지 않다'는 종이 한 장 차이일 뿐,
아무것도 아니야.

#괜찮아 #괜찮지 않아 #사랑해

💬 내가 어떻게 하면
　　사랑받을 수 있나요?

💬 그래,
　　사람들의 시선들,
　　그 속의 기준들,
　　다 중요하지.

　　하지만 말이야.
　　정말 중요한 건
　　하나님께서 지으신
　　네 존재대로 너답게 사는 것이 가장 아름답다는 거야.

　　내가 나이면 안 될 거 같아 몸부림치던 시절이 있었어.
　　나는 내가 아닌 멋진 누군가가 되기 위해 나를 꾸며 댔지.
　　구두는 신어야지 정장은 입어야지
　　말도 좀 고상하게 하고 행동은 좀 차분하게 해야지.

교회 안의 나는 그래야만 한다고 생각했어.
어쩌면 그게 겸손이라고 착각했을지도 모르겠어.
그런데 그런 노력은 나를 점점 짓눌렀고
뭔가 가면을 쓴 거 같아 답답하기만 했어.

나는 그저 성경 이야기를 쉽게 전달하고 싶었을 뿐인데
맘이 어려운 임산부들을 웃게 하고 싶어서
태교학교를 시작했고
그대로도 너무 괜찮은 청소년들이 그 사실을 모르는 게
가슴 아파서
그저 따뜻한 이야기를 건네고 싶은 마음에 사역을
시작했는데,
나도 모르게 기독 작가는 그래야 하고
태교학교 팀장은 저래야 하고
교회학교 교사는 이래야 하고….
그런 선입견과 시선.
어쩌면 그것까지도 내 스스로 판 무덤임을 알지 못한 채
나는 점점 더 땅을 파고 들어갔어.

그러던 어느 날
기도 중에 내 마음에 선명한 말이 한마디 떠올랐어.

"네 존재대로 살아. 내가 널 네 존재대로 사랑하는데
뭐가 문제니?"

나는 그 한마디에 깨달았지.
하나님이 나를 내 존재대로 사랑하신다는 사실을.
그냥 내 모습 이대로 살아도 아무 문제 없다는 것을.
그리고 나는 구두를 운동화로
정장을 남방과 청바지로
덜렁대고 잘 울고 철없는 원래 오선화로 다시 돌아왔어.

하나님은 널 사랑해.
그냥 네 모습 그대로 사랑해.
네가 소그룹을 인도해서가 아니라
네가 임원을 해서가 아니라
그냥 너라서 널 사랑해.

그런데 네가 뭔데 널 안 사랑해?
하나님이 널 사랑하는데 네가 뭐라고
네 존재를 하찮게 여겨?

넌 그럴 자격이 없다.

그 냥 네 존 재 대 로 살 아 .

그 모습 그대로 충분히 괜찮으니까.

#사랑해 #나는 나답게 #내 모습 이대로

이 땅의 청춘들에게

💬 그 애와 저는 너무 틀려요

💬 나는 청년들에게 이야기를 건넬 기회가 있을 때마다
'다름을 인정하자'고 말해. 세상에 '틀림'은 없고, 그저
'다름'이 있는데 우리는 그 '다름'을 틀렸다고 우기다가
너무 많은 시간을 허비한다고.

그런데 오늘 문득, 나는 다름을 인정하는 사람인가 하는
생각이 들었다. '다름'에서 '틀림'으로 돌진하지 않으려면,
'그럴 수도 있다'는 표지판을 꼭 봐야 한다. 그리고
그다음에는 '하지만 내 의견은 전달하자'는 도로로
진입해야 한다.

그런데 나는 오늘, 너무 거대한 '다름'을 느끼고 '틀림'으로
직행해 버렸다. 이미 '틀림'에 도착하니, '도저히 이해할 수
없다'는 현수막이 걸려 있었고, 나는 그 현수막에서 눈을

뗄 수 없었다.

다시 돌아가야겠다. '다름'을 느끼기 전으로 돌아가서, '지혜롭게 전달하는 법'을 알려 주는 휴게소에 들러, 우동이나 한 그릇 먹어야겠다. 아, 그 전에 컵에 '지혜'를 담아 원샷! 그리고 그 '지혜'가 내 위를 적실 때까지 묵언수행이 필요하다. 그러고 나면 조금 알게 되겠지. 나도 누군가에게는 '다름'일 수 있고, 그 '다름'이 '틀림'으로 오해될 수 있다는 것. 그것을 알고, 다시 '다름'으로 서행하는 것. 그것이 당면과제다. 너희에게도 나에게도.

#다름과 틀림   #그럴 수 있어   #우리의 관계

💬 대구로 가는 무궁화호 안에서 삶의 간극에 대해 생각해
보았어.

아이를 낳고 10년이 지나도록 기차를 혼자 타는 일은
생각만으로도 사치였는데, 이번 달에 세 번이나 탔지.
두 번은 KTX를 탔고 오늘은 무궁화호를 탔어. 두 번은
미리 기차에 올라 대기하고 있었는데 오늘은 김밥을
사는 여유를 부리며 시간에 맞춰 올라탔어. 두 번은 내
옆자리에 하정우가 타기를 바랐고, 오늘은 현실을 인정해
보기로 했지. 왜 내 옆자리에는 하정우가 타지 않을까
생각했다가 내가 송혜교가 아니라는 사실을 깨달으니
금방 체념하게 되더라. '나는 상관없이 옆자리의 몫이
있지 않을까'라는 생각이 들었을 땐 엄마가 어렸을 적
읽어 주던 《신데렐라》를 원망하게 되었어. 김밥을 놓을

선반이 없는 것을 알고 KTX를 잠시 그리워하다가 그래도 기차는 무궁화지 싶고, 스마트폰 놀이를 하다가도 예전의 무식한 휴대폰이 그리운 건 '가끔일 때만 찾아오는 만족감' 혹은 '가질 수 없을 때 최고치가 되는 탐욕'일지도 모르겠어. 어쩌면 '추억이 되어야만 아름답다고 말하는 어리석음'일지도 모르지.

참, 삶의 간극에 대해 얘기하던 중이었지? 그러니까, 전업주부와 자유로운 글쟁이 사이의 거리, KTX와 무궁화호의 차이, 처음의 긴장감과 적응의 여유까지 오는 심적 거리, 스마트폰의 편리함과 예전 휴대폰의 단순함 중 어느 것이 더욱 삶에 도움이 되는지, 이상적인 신데렐라와 지금 오선화의 현실적 차이는 옆자리와 어떤 상관관계가 있는지, 옆자리의 이상은 정말 끝까지 이상인지, 참 많은 생각을 했지.

결 론 은   없 어 .

그저 생각해 보는 거야. 내가 지금 말하고 싶은 건, 꼭 결론이 있어야 한다는 근거 없는 이론에 매료된 너희들의 욕구를 충족시킬 수 없을 거야.

나는 그저

지금 내가 듣고 있는, KTX에서는 들을 수 없었던 덜커덩,

달그락, 구릉구릉 소리가, 선반이 있는 고급 좌석보다

더욱 편안하게 느껴진다는 아주 지극히 주관적인 감정을

말하고 싶었던 것뿐이야.

#삶의 간극 #신데렐라 #일상과 이상 #꿈과 현실

💬 내가 원하는 대로 바뀌는 게
   사랑 아닌가요?

💬 사랑하면 그 사람이 바뀌냐고 물었지?

아니, 그렇지 않아.
사람은 쉽게 변하지 않아.

내 대답이 실망스럽니?
조금 더 들어 봐.
사람 말은 끝까지 들어야 하는 거야.

사랑의 눈으로 보면, 네 눈이 바뀐 거잖아.
그러니까 그 사람은 바뀌지 않아도 괜찮은 거지.
그대로인 그 사람을 네가 이미 수용했으니까.
그럼 이제 괜찮지?
사람이 바뀌지 않아도

사 랑 은   그 런   거 니 까 .

오늘 비가 참 밉게도 내리더라.
그런데 사랑의 눈으로 보니
눈송이보다 예쁘더라.

사랑은 원래 그런 거니까.

#사랑해   #콩깍지   #눈송이

💬 요즘 유명한 어른들을
만나러 다녀요

💬 좋지,
너처럼 유명한 사람이나
쉽게 만날 수 없는 어른을 만나러
열심히 돌아다니는 건
칭찬할 만한 일이야.

그런데 말이야,
꼭 대단한 어른이 아니라도
너보다 삶의 길을 먼저 간 분들에게는
배울 점이 있다는 거, 알고 있니?

가끔은 책이나 명강의에서 얻을 수 없었던 말을
아주 평범한 어른에게서 얻을 때가 있어.

얼마 전에 말이야.
어느 장로님이 소천하셨다는 소식을 듣고
서둘러 찾아간 장례식장에서
한 권사님이 음식을 차려 주며 말씀하셨어.
"잘 왔어요. 살다 보면 세상에는 남의 일이라는 게
없어요."

이 한마디가 내 가슴을 쾅 때렸지.
세 상 에 는   남 의   일 이   없 다 .
세상 모든 것을 나의 일처럼 생각하고,
그 일이 또 언젠가는 나의 일이 된다는 말에
참 많은 것을 깨달았어.

가끔은 말이야.
성공이나 재산, 사회적 지위가 뭔지 몰라도
그저 삶을 열심히 꾸린 어른들의 말을 들어 보는 게
좋아.
탈무드에서도 느낄 수 없는 삶의 지혜가
툭 뱉어져 나오는 말에 묻어 있거든.

평범한 어른들과 얘기를 나누어 봐.

어쩌면
평범한 일상을 그렇게 오랫동안
묵묵히 살아오셨다는 것보다
더 위대한 건 없는 거 같아.

#연륜 #삶의 지혜 #인생 선배

💬 가끔은 사람들의 이기심에
　　소름이 끼쳐요

💬 어제, 한 홍삼회사 이야기를 들었어. 그 회사는
브랜드 인지도에 걸맞게 철저한 공정을 거친다고 했지.
농민과 계약을 해서 1년마다 인삼을 조사하고, 자신들이
계약서에 표기한 만큼의 좋은 성분이 나오지 않거나,
좋지 않은 성분이 조금이라도 검출되면 계약을 즉시
파기한다고 하더라. 그만큼 철저한 과정을 거친 홍삼의
우수성을 설파하고자 했던 것이지. 그 이야기를 듣는
사람들은 고개를 끄덕거리며 수긍했어. 그런데 내 귀는
'농민'이라는 단어에 초점을 맞추고, 1년마다 계약,
계약 파기…. 이런 내용에만 문을 열어 주었어. 그리고
그 이야기는 뇌로 자연스럽게 흘러 들어와 쉴 새 없이
조잘거렸지.

"농민들은 그 회사와 계약하는 꿈을 꾸었겠지? 아무래도

큰 회사니까. 계약하고 열심히 인삼을 재배했을 거야.
1년 만에 계약을 파기하고 싶지 않겠지. 그런데, 정말
열심히 키웠는데도 회사의 구미에 맞지 않는다면 간신히
이룬 꿈은 물거품이 되겠지. 간신히 꿈을 지킨 사람들은
안도의 한숨을 내쉴 거야. 하지만 어떻게 안도할 수
있겠어? 1년마다 피가 마를 만큼 까다로운 검사를
받고, 통과라는 말이 나오기 전까지 침도 삼키기 힘들
텐데. 그리고 겨우 통과한다 해도, 그 땅에서는 인삼을
또 재배할 수 없대. 인삼은 땅의 지력을 다 끌어들이기
때문에 또 새 땅을 찾아야 한다는데, 농민들은 다시
살길을 찾아야겠지. 그런데 우리, 그렇게까지 해야
하나? 꼭 그렇게 농민들의 피를 말리면서 좋은 홍삼을
먹어야 해? 그들의 얼을 죽이고, 영혼을 말리고, 계약이
파기되어 절망하고 몸을 포기하는 사람까지 만들면서,
우리는 그렇게 좋은 것을 먹고 우리 몸만 좋으면 되는
거야?"

나는 그 조잘거림을 들으며 두려워졌지. 우리는 우리
자신도 모르게, 그저 좋은 것을 먹고 좋은 것을 입겠다는
지극히 기본적인 욕망에 충실하며, 얼마나 많은
사람들을 희생시키고 또 그 사실조차 모르고 호호거리며

살고 있는 걸까?

깨끗한 공정, 철저한 계약조건…. 그래, 다 좋아. 그런데
내가 살자고 남을 죽이는 것. 내 이미지를 위해 누군가의
삶을 짓밟고 서는 것. 그것이 어디 비단 도드라진
대기업의 행태, 그뿐일까? 세상 곳곳 우리가 칭찬해
마지않는 그 청결함과 철저함 속에, 나도 모르는 내
이기가 발현되고 있다면, 아무리 좋은 것을 먹는다
한들 내 몸에, 내 영에 어떤 좋은 기운을 줄 수 있을까?
온몸에 소름이 돋더라.

#더불어 삶 #이기 #입장 바꿔 보면

💬 어떻게 선한 영향력을
끼칠 수 있을까요?

💬 힘들어서 교사 때려치워야지 생각할 때
문득 다가온 제자가 한마디 했어.
"쌤이 있어서 너무 행복해요. 사랑해요."

7년을 쉬고 다시 노트북 앞에 앉아
재능이 없나 고민하던 나에게, 선배는 그랬지.
"이제 재능을 고민할 때는 지나지 않았니? 그냥 시작해."

첫 강의를 앞두고 떨고 있는 나에게 다가온 목사님은
따뜻한 말을 한마디 해주었지.
"집사님의 중심을 보고 귀하게 사용하시는 거예요.
담대하게 전하세요."

원고에 쩔어 납작해진 나에게 문득 걸려 온 전화,

약주 드신 아빠의 한마디가 아직도 귓전을 맴돈다.
"우리 딸이 자랑스러워서 한잔했지. 껄껄껄~"

정말 잘하고 있는지 의심스러워 기운 없을 때
딸아이의 사랑 담긴 한마디는 아직도 달콤해.
"엄마! 오늘 롤모델에 대해 배웠는데요. 나는 엄마가
롤모델이라고 발표했어요!"

돌이켜 보면 말이야,
내가 힘들었을 때 나를 일으킨 것도,
내가 슬플 때 내 눈물을 닦아 준 것도
딱   한 마 디 였 어 .

나는 순간순간 다가오는 이 한마디들 덕에
참 행복하게 살았지.
너도 누군가에게 힘을 주는 사람이 되어 보는 건 어때?

딱 한마디면 돼.

#한마디   #더불어 삶

💬 사람들이 정말
　　내 마음을 몰라주네요

💬 누구도 네 마음과 같을 수는 없어.
　　너도 누구 마음과 같을 수는 없어.
　　그래서 속상하더라도
　　소중한 관계라면 믿고 가는 것.
　　그저 믿음만이 답이야.

　　믿고 가면
　　설령 뒤통수를 맞는 상황이 오더라도
　　억울하진 않을 테니까.
　　그건 결국 누구보다 네 마음을 신뢰하는 방법이야.

　　누구나 너와 같을 수는 없어.
　　너도 누구와 같을 수는 없지.
　　그것이 기본 명제라면,

마 음 이   보 는   대 로   믿 는   것 .
그것은 함께하는 삶에 대한 예의가 아닐까?

#나를 믿어 주길 바래   #우리의 관계   #삶에 대한 예의

이 땅의 청춘들에게

💬 겸손하기 어렵네요

💬 그래, 알아.
네가 무슨 말을 하는지.
한없이 낮아지고 싶다고 기도하면서
너를 인정하는 사람 앞에서만 낮아진다는 말.
'겸손하고 싶음'과 '겸손하지 못함'의 차이,
그 이상과 현실의 간격이 엄청나다고 말하고 싶은 거지?

나도 그래.
나를 높여 주는 사람 앞에서는 내가 저절로 낮아지지.
그런데 그건 만족할 만한 겸손이 아니야.
사랑할 만한 사람만 사랑하는 것을 사랑이라 할 수 없는
것처럼.

겸손이란 거, 참 쉽지 않아.

하지만 말이야,
너를 존중하든 무시하든
그건 그 사람의 몫이야.
너의 몫은,
땅에 간신히 디디고 서 있는
이 자리를 네 자리로 알고
항상 낮은 자세로 임하는 거지.

너를 낮추어 보는 사람 앞에서도
그 사람의 판단에 자유하며
네 자리가 어디인지를 알아야 해.

자리가 바뀌는 게 아니라
몸은 이 자리에 그대로 있으면서
마음은 끝없이 깊어져야 하지.

사람들이
깊이를 눈치챌 수 없을 만큼
깊어지는 것이,
진정으로 높아지는 거잖아.

단순하게
자리나 위치, 높낮이를 겨루지 말자.

우리를 낮추어 보는 사람 앞에서
자신도 모르게 점핑을 하며 구질해졌지만
깨달았잖아.
우 리 는   아 직   멀 었 다 는   걸 .

점점 깊어지자.
바로 지금 이 지점부터 다시,
아래로 아래로 내려가 보자.

'겸손하고 싶음'이 '겸손함'과 만나게 될 그날까지.

| #겸손 | #더불어 삶 | #깊이 더 깊이 |

💬 결혼식 준비하는 일
정말 힘드네요

💬 너는 지금
네 사랑에 대해 고민하는 게 아니라
인내심의 한계를 느낀 거야.

네 이상을 뭉개는 듯한
협소한 집도
네 계획을 무시하는 듯한
간소한 예물도
그 사람을 사랑하기 때문에
괜찮다고 했던 거 맞니?
네 자신이 괜찮은 사람이고 싶어서
꾸역꾸역 참은 건 아니고?

내 생각에는 말이야,

어렸을 때부터 덮던
너덜너덜한 이불까지 들고 오겠다는
그 사람을 보며
네 인내심이 바닥난 거야.
그 낡은 이불까지는
도저히 참아 낼 수 없는 거지.

그런데 말이야,
이렇게 생각해 보면 어떨까?
그 사람이 너덜너덜한 이불을
들고 오는 게 아니라
그 이불까지
그 사람이라고 말이야.

그 이불은
네가 참을 수 없다고
분리할 수 있는 게 아니라
절대 분리할 수 없는
그 사람의 일부분인 거지.

그렇다면 너는

사람들이 놀러 왔을 때
"그 이불은 너무 부끄러워"라고
말하면 안 되는 거지.

그보다 먼저
그 사람에게 왜
그 이불까지 삶이 되었는지 묻고
들어줄 수 있어야 해.

넌 결혼식이라는
행사를 준비하는 게 아니라
결 혼 이 라 는   삶 을
펼 치 려 고   하 는   거 니 까 .

보석처럼 보이고 싶어서
남의 시선만 의식하다 보면
네 사랑까지
너덜너덜한 이불이 되어 버려.

하지만
그 이불까지

사랑하려고 노력하면
네 사랑은
누가 보지 않아도 상관없는,
꼭꼭 숨기고 너만 보고 싶은
보석이 될 거야.

네가 하고 싶은 게
결혼식이 아니라
결혼이었으면 좋겠어.

#인내심 #나만의 보석 #반쪽

💬 일부러 시간 내서 봉사왔는데,
　　애들이 고마운 걸 모르네요

💬 알아,
　　네가 얼마나 스펙 좋은 사람인지
　　네가 아이들을 만나려면
　　얼마나 많은 시간과 돈을 포기해야 하는지

　　그런데 너
　　나누고 싶어서 시작한 거 아니었어?
　　봉사하고 싶어서 아이들을 만난다고 했잖아.
　　그 마음을 잊지 않았다면,
　　적어도 아이들을 돈으로 환산하지는 말아야지.
　　더군다나 네가 얼마짜리니까 잘 들으라는 말은
　　절대로 하지 말아야지.

　　아이들도 알아,

네가 굳이 얘기하지 않아도
네가 얼마나 대단한 사람인지
돈을 받지 않고 만나 주는 게
얼마나 고마운 건지
표현을 하지 않을 뿐이지
다 알고 있어.

딴짓을 한다고 고마워하지 않는 건 아니야.
집중하지 않는다고 듣지 않는 것도 아니야.
머릿속에는 딴 생각을 수만 개 굴리고 있으면서
듣는 척만 하는 어른보다 훨씬 낫다고 생각해, 나는.

네가 잃은 게 아깝다면 그건 나눔이 아니지.
자꾸 본전이 생각난다면 그건 봉사가 아니야.

네가 나눔이나 봉사를 한다고 생각한다면
적어도 돈으로 아이들을 환산하지는 말아 줘.
아이들은 이 땅의 미래야.

미래를 어떻게 돈으로 계산할 수가 있니?
너 에 게 는   도 대 체   미 래 가   얼 마 니 ?

내가 생각하는 미래는 값이 없어.
돈은 숫자로 매기는 거라서 한계가 있지만
미래는 한계가 없거든.

네 시간과 스펙은 돈하고 바꿀 수 있는지 몰라도
아이들은 아무리 많은 돈을 줘도 바꿀 수 없어.
도저히 값을 매길 수 없는 이 땅의 미래니까.

#몸값 #본전 생각 #나눔

💬 모두 잘 어울리게 하는
　　리더가 되고 싶어요

💬 어떻게 하면 잘 섞을 수 있는 리더가 되겠냐고 물었지?

　　맞아, 그게 관건이지.
　　어딜 가나 섞이지 않으려고 하는 인간들이 있고
　　그 인간들 그룹의 리더로 앉혀지면
　　참을 수 없는 존재의 가벼움을 느끼곤 하지.

　　섞이지 않는 물과 기름을 보고 있으면
　　정말 답답할 때가 많을 거야.

　　정확히 둘로 나뉘어져
　　절대로 섞이려고 하지 않는 것 같아
　　보는 내내 마음이 졸아 들고
　　말하는 내내 조심스럽지.

그런데 그거 알아?
물 과 기 름 을 섞 을 수 있 는 방 법 이
있 대 .

비눗물을 넣으면 물과 기름이 섞인대.

알고 있었니?
나는 얼마 전에 그 사실을 듣고는
진공청소기가 지나간 듯 머릿속이 말끔해지더라.

너도 그렇지 않아? 간단하게 답이 나왔잖아.
네가 비눗물이 되면 되잖아.

자꾸 스틱이 되어 휘휘 저으려고 하니까
골치가 아팠던 거야.

더 길고 더 튼튼한 스틱이 되려는 생각 따위
단숨에 던져 버리고, 지금 바로 리셋이다.

이제부터 넌 비눗물이야.

#물과 기름 | #비눗물 | #리더십 | #우리의 관계

그때처럼 해보는 거야

💬 이제 성인이니
다 스스로 해야겠죠?

💬 기억나니?
바람개비를 들고 나가면
그저 즐거웠잖아.

바람개비를 들고 나가자마자
바람이 불어오면
그렇게 신이 났지.
가만히 서 있기만 하면 됐으니까.

그래, 넌 그리워하고 있는 거야.
네가 가만히 있기만 해도
누군가 도움을 주던 어린 날.

지금은 뭐든지 스스로 결정해야 하고

꿋꿋이 해나가야 하는 네가 자신 없으니까.

그래, 그럴 수 있어.
하지만 언제까지
바람이 불어오기만 바랄 거야?
이제 시원하지 않다고 투덜대고 있으면
너에게 도움이 되는 건 뭔데?

바람이 불어왔을 때 시원했노라고
지금도 그만큼은 시원해야 한다고
그 전의 '바람'만 그리워하고 있는 모습,
얼마나 한심한지 스스로 알았으면 좋겠어.

네가 가만히 있어도
바람이 불어와 널 움직였던 날들은
그저 아름다운 추억으로 간직해.

바람이 불지 않는 건
아무 문제가 되지 않아.
기억나니?
바람개비를 들고 나갔을 때

바람이 불지 않는 날도 있었지.
한참을 서 있어도 바람 한 점 없었지만
방법이 없는 건 아니었잖아.

그래,
네가 바람개비를 들고 뛰어가면 됐어.

그 때 처 럼   해 보 는   거 야 .
바람이 불지 않는다고 투덜댈 시간에
네가 바람을 일으키면 되는 거야.

뛰어 보자.
널 움직여 줄 바람은 불지 않지만
네가 일으키는 바람은 지금부터 시작이야.

#바람개비   #열정   #일상과 이상

💬 그의 사랑이 식은 거 같다고?

십 분마다
난 널 사랑하지 않아, 말하는 것처럼
모든 행동이
널 위한 게 아닌 거 같다는 거잖아.

이별의 징조?
뭐 그런 얘기를 하는 거지?

그런데 그런 생각해 봤어?
널 화나게 한 건 그의 '변함'이 아니라
'변함없음' 아닌지.

네가 지금 이상하다는 그의 말투나 행동들,
네가 사랑을 시작할 때도 같지 않았어?
네 스타일이 아닌데 좋다고 했던 말,
그게 그런 거였잖아.

한 사람과 봄을 세 번쯤 지나면
누 구 나   그 래 .

말 없는 그가 좋았는데
왜 이렇게 말이 없나 싶고
잘 먹는 그가 좋았는데
왠지 게걸스러워 보이고.

그러다가도 그 시기만 넘기면
그래도 이 사람이다 싶은 시기가 또 오고
그런 거지.

사랑은 평지가 아니라
굽이진 산길 같더라.

처음에는 평지로 착각하고

함께라는 것만으로 신이 나다가
산길이라는 걸 깨닫고 나면
암담해지는 거지.

같이 올라갈 수 있을까?
여기를 같이 올라가야 하는
사람이 정말 맞나?
이 사람과 올라갔다가 내려올 때도
행복할 수 있을까?
별의별 생각이 다 드는 거야.

네가 알아서 해.
같이 올라가서 드높은 하늘 보며
"야호" 소리를 지르는 네 옆에
그가 있는 게 좋을지 없는 게 좋을지.

지금 상황에선 너만 결정하면 돼.
사랑이 식은 건
그의 사실이 아니라 너의 가설이니까.
이미 사랑이 식었다고 가정하고
모든 행동을 관찰하는 너에게

그는 어떤 행동으로도
증명할 방법이 없잖아.

#굽이굽이 #이별 징조 #반쪽

💬 정답인 줄 알았는데,
　　또 아니었어요

💬 그래,
　　나도 알아들었어.

　　네가 틀렸다는 말을 하고 있는 거지?
　　그리로 가면
　　그 답이 있을 줄 알았는데 아니었다고.
　　그래서 몹시 억울하고
　　시간이 아깝다는 말이잖아.

　　그래, 그럴 수 있어.
　　그리로 가기 전에 정확한 방법을 알았다면
　　너의 에너지나 시간을 절약할 수 있었다는
　　네 말 이해해.

그런데 정말 그렇게 절약했다면
네 인생이 좀 더 나아졌을 거라는 생각에는
동의하기 힘들 것 같다.

다른 얘기를 잠깐 해볼게.
내가 얼마 전에 건강검진을 하러 갔어.
위염도 있는 것 같았고, 몸 상태가 별로 안 좋았거든.
하루 일정을 다 뺐고, 돈도 많이 들었어.
그런데 아무 이상 없다지 뭐야.
그럼 나는 뭔가 잘못 생각한 걸까?

네 방식대로 생각해 보면
시간을 절약할 수 있었고
그 시간에 강의를 가면 돈도 벌 수 있었어.
그러니까 내가 틀린 거야?

하지만 난 많은 걸 얻었는걸.
건강검진을 하는 과정을 알 수 있었고
건강할 때 건강을 지켜야 한다는 것도 깨달았어.
무엇보다 내가 건강하다는 사실을 알았지.
너도 마찬가지 아닐까?

넌 틀림으로 가는 과정을 알았고
다른 방향으로 가야 한다는 걸 깨달았어.
무엇보다 네가 틀렸다는 걸 알았지.

얼 마 나   기 분   좋 은   일 이 니 ?
내가 건강하다는 것만큼… 그렇지 않아?

인생에서
틀렸다는 걸 알게 된 건
정말 좋은 깨달음이야.
정말 아닌 걸 알 수 있게 되잖아.

아까운 시간은,
그리로 가서 헤맸던 기간이 아니라
주저앉아 징징대는 지금이야.

아까워 죽겠어.
일어나서 가.
또 시도해 보고 알아 가.
그게 무궁무진하게 펼쳐져 있는
네 인생에 대한 기본 예의야.

💬 노력했는데,
   다 소용없었어요

💬 잿더미를 뒤적이다 보면
   불씨가 나오고,
   그 불씨를 찾으면
   다시 불을 붙일 수 있다.
   함께 불씨를 찾고
   스스로 자신을 태우는 불씨가 되자.

#불씨 #괜찮아 #삶의 지혜

💬 저들처럼 나눌 수 있을까요?

💬 네가 대단하다고 말하는
   좋은 일을 하고 있는 사람들 말이야.
   그 사람들에게
   어떻게 그렇게 사냐고 물으면
   하나같이 하는 말들이 있어.

   그냥 축 처진 어깨에
   위로 하나 얹어 주고 싶었어요.
   그냥 아주 작은 힘이라도 괜찮다면
   도움을 주고 싶었어요.

   다 그렇게 시작했다고 말해.

시 작 은   그 렇 게

그저 누구나 꺼내 줄 수 있는
낱알 정도인 거야.
처음부터 큰일을 하겠다며
두 주먹 불끈 쥐고
시작하는 사람은 별로 없거든.

더군다나
'큰 좋은 일'이라는 건 없어.
좋은 일은 그냥 좋은 일인 거지.
크고 작음을 나눌 수 있을까?

긴 시간 쌓인 '작은 베풂'을
한 덩어리로 착각하고
크다고 말할 뿐이야.

쌀 한 자루를 보고
'낱알들의 모임'이라고 부르지 않지만
그 자루 안에
많은 낱알이 들어 있다는 걸
부인할 수 없잖아.
이미 네 손에는 한 줌의 쌀이 있어.

그런데 왜 그게 한 자루가 될 때까지
기다려야 하니?
한 자루가 되면 그걸 다 줄 수 있어서?
글쎄, 그런 마음이라면
열 자루는 되어야 하지 않겠어?

한 자루를 가진 사람들은 흔히 말하거든.
열 자루를 가진 사람만
할 수 있는 일이라고.
그리고 자신은 할 수 없다며
모른 체하지.

너도 그렇게 할 거야?
그건
네 숙제를 친구에게 대신하라며
미루는 거 같지 않아?

정말 좋은 일이 하고 싶다면 지금부터 해.
네 한 줌의 쌀에서 낱알 몇 개를 나누어 줘.
위로 하나 얹었을 뿐인데
축 처진 어깨가 다시 힘을 내며 펴지는 기적을 봐.

이 땅의 청춘들에게

아주 작은 힘이라도 도움이 될 테니까.

사람이 사람으로 태어나
사람을 위로할 수 있다면
그것만으로도
참 괜찮고 잘된 일이지 않겠어?

#지금부터 #낱알의 기적 #나눔

💬 참 어려워요

💬 순종?
나는 잘 못해.
내가 여기저기 강의하고 다니니까
순종하는 거라고 생각하는 사람들이 많은데,
그냥 내가 좋아서 하는 거야.

다행인 건,
우리 아버지가
내가 좋아하는 걸 시켰다는 거지.

내가 싫어하는 걸 시켰다면?
글쎄, 난 그래도 할 거라고 장담 못 해.
일개 인간이 장담할 수 있는 건
아무것도 없으니까.

요즘 벚꽃 많이 피잖아.
벚꽃이 그냥 꽃일 뿐 별것
아닌 거 같지?
숨도 못 쉬고 움직일 수도 없으니
영 아무것도 아닌 거 같지?

아니,
내 생각은 달라.
적 어 도   나 보 다 는   나 아 .

적어도 벚꽃은 순종하잖아.
피라고 할 때 피고
지라고 할 때 지잖아.

너도 나도
그만큼만 순종할 수 있다면 좋겠어.

#벚꽃처럼 #순종 #크리스천

💬 다들 서로 물어뜯느라
정신이 없네요

💬 어렵고 힘든 일이 있을 때
사람들은 악만 남는다는 걸
엄마가 돌아가셨을 때
선배가 죽었을 때
알아 버렸다.

남겨진 사람들이
손잡고 서로를 위하고 사랑해도 모자랄 때에
사랑에 구멍이 나는 걸 보았지.

대한민국 전체가 아픈 지금,
서로를 할퀴고 있는 현장을 자주 목격해.
숨겨 놓았던 발톱을 꺼내
왜 우리는 서로를 겨누고 있는 걸까?

물맷돌이 주머니에 가득한데
하도 여러 명의 골리앗이 나타나니
도무지 어디에 던져야 할지 모르는 상황이잖아.

그럴수록 우리가 서로 감싸야 해.
싸움의 의지가 없었다 해도
상대방이 받아 줄 수 있는 한계를 넘었다면
상대방 목덜미를 봐야지.
선연한 핏자국,
내 가   남 긴   건   아 닌 지 .

발톱을 감추라는 얘기가 아니야.
은폐는 또 언젠가
제멋대로 분출되는 악을 낳을지 모르는 일,
잘라 낼 발톱은 과감히 잘라 내고
그래도 하나의 발톱은 꼭 필요하다면,
그건 발톱의 필요성을 논하지 말고
방향의 정확성을 고민해야 해.

너의 발톱이 부디,
똑같이 아픈 이웃을 향하지 않기를 바라며⋯.

#발톱 #마음을 할퀴다 #더불어 삶

💬 일상을 벗어나고 싶어요

💬 잠시나마 일상과 단절을 선언하며
들어간 극장에서
지독하게도 닮은 일상을 마주할 때
깨닫게 된다.
내 일상이 그토록 아름다운 순간의
연속이었음을.

그리고 어쩌면
내가 만나고 싶었던 건
일상을 잊게 해주는 이상이 아니라
일상을 더욱 선연하게 비춰 주는
가장 찬란했던 일상, 그 순간임을.

일상이 아름답지 않다고?

아니, 그렇지 않아.

항상 지니고 있어서 그 아름다움에

네 가 눈 을 두 지 않 을 뿐 이 지 .

#찬란한 지금 #아름다운 날들 #일상과 이상

💬 멘붕 사회,
멘탈을 지키기 어려워요

💬 그리스도의 멘탈을 지켜 줘.

그리스도가 지금 이 땅에 살아 계심을 믿으며,
그렇다면 어디에 계실지를 고민하고,
그 마음을 함께하는 것.

그것이
내가 생각하는 '그리스도의 멘탈'이야.

내가 만난 예수님은
고급 식당에서 편하게 식사하지 않고
노숙자와 함께
길바닥에 앉아 그들과 함께
식사하고 계셨어.

본드 마시는 청소년을 발견하고
그 옆에서 울며 기도하고 계셨지.

세월호가 물속에 가라앉던 날,
예수님은
세월호 안에, 그들과 똑같이 춥게
그 차가운 물속에
함께 계셨을 거라 믿어.

내 가   만 난   예 수 님 과
네 가   만 난   예 수 님 이   같 다 면
우리 함께 그리스도의 멘탈을 지키고
말과 행동에 그 사랑이 묻어나도록
살아 보자.

#멘붕   #그리스도의 멘탈   #크리스천

💬 2014년 4월 16일,
다시 봄이 왔네요

💬 그날 이후, 나는
"예수님이라면 어떻게 하실까?"
이런 질문을 나에게 던지곤 해.
그러고는
"나는 어떻게 할까?"라는 질문을 던지지.

사실 두 질문에 대한 예상 답안이 일치할 때
가장 기분이 좋고
그 두 질문이 일치한 삶을 살고자 하는
마음이 간절해.

일치한다는 건 참 힘든 일이지만
이렇게 많이 다르기도 참 힘이 들지.
차가운 물속에 계신 그와

물만 보아도 무서운 나의
심정적 거리가 너무 멀게 느껴진다.

오늘,
이 따뜻한 봄날에도
물이 너무 차갑더라.
그저 손을 씻으려던 것뿐인데도
너 무 차 가 워 . 마 음 이   저 렸 어 .

#0416 #다시 봄 #더불어 삶

💬 이웃을 위해 살기에
　 나는 너무 이기적인가 봐요

💬 이웃을 위해 살고 싶은데
　 자꾸 네 것을 사고 싶은 마음이 든다고?
　 그래서 미안하다고?

　 그러지 마.
　 그건 당연히 필요한 일이야.

　 남을 위해 살려면
　 우선 네 자신이 행복해야 하고,
　 네 자신이 행복하기 위해서는
　 너의 쉼과 너를 위한 소비도 필요해.

　 나는 혼자만의 시간이 생기면
　 영혼의 쉼을 제공하는 곳에 들러.

그곳은 내가 좋아하는 작은 책방인데,
그곳에 있으면
몸과 마음이 편안해져.

그리고
나답지 않게 비싼 점심을 먹기도 해.

가끔은
미친 척하고 KTX 특실에 타기도 하고,
계절이 바뀔 때면
얼마쯤을 들고 나가
내 것만을 사는 시간을 만들기도 하지.

지 속 적 인   이 타 를   위 해 서 는
최소한의 이기가 필요한 거야.

#최소한의 이기   #나눔

💬 세상 꼭대기에
올라서고 싶어요

💬 강의를 마친 후
한 녀석이 신발에다 사인을
해달라고 했어.
어느 부분에 해줄까
고민하다가 가장 아랫부분을 택했어.

가장 아래, 가장 낮은 곳.

내 강의 다음에 공연이 이어져서
공연을 보고 가려고 앉아 있는데,
그 녀석이 보였어.
아니, 그 녀석의 신발이 보였지.
나는 그 신발을 보며 다짐했어.

그래,
가장 아래, 가장 낮은 곳.

마음을 되새기고 있는데
내 무릎 위에 뭔가 놓였어.
내가 강의 중에 좋아한다고
말했던 '불닭볶음면'과 그 위에
얹어진 편지. 아니, 사랑.

함께 눈물 콧물 흘리며
상담을 했던 녀석이 놓고 간
너무 큰 사랑.

주체할 수 없이 흐르는 눈물.

녀석의 신발이 다시 보였지.

세상의 끝날까지,
지금처럼 선명하게 기억하려고.

가장 아래, 가장 낮은 곳.

내가 서야 할 그 자리.

아 래 로 아 래 로 ,
우리 함께 내려가자.

#낮고 낮은 곳 #함께 #크리스천

💬 행복하지 않다고?
얼마나 더 노력하면
편하게 살 수 있냐고?

글쎄,
편해지면 행복해지는 거야?
지금은 편하지 않아서 행복하지 않은 거야?

"저, 가난한 글쟁이라 차가 없어요.
픽업 나와 주셔야 해요!"
강의 섭외 전화를 받으면 내가 꼭 하는 말이야.

나는 차가 없어.
사실 면허도 없지.

운전면허 학원을 등록하고 오던 날,
우리 집에는 빨간 딱지가 붙었어.

어제까지도 우리 집이던 32평 아파트가
우리 집이 아니라고,
게다가 물건도 다 빨간 딱지의 것이라는
엄마의 말을 난 도무지 알아들을 수가 없었지.

운전면허 학원에 가서 등록을 취소하고
학교를 휴학하고 알바를 구하고
알바비로는 나와 동생의 등록금을 마련할 수 없어
취직을 하고….
이런 일들이 시기를 가늠할 수 없을 만큼 순식간에
지나갔지.

오늘 문득 창을 열며,
그때의 기억이 떠올랐어.
그리고 어쩌면 이제는 면허를
딸 수도 있겠구나, 어쩌면 몇 년 후에는
픽업을 부탁하지 않아도 되겠구나
하는 생각이 들었어.

그런데 그렇게 되어도
지금처럼 행복할 수 있을까?
더 편해지는 것과
더 행복해지는 것은 비례할까?

우리 집에 빨간 딱지가 붙기 전,
엄마는 새벽시장에 나갔지만 우리는 부자였어.

빨간 딱지가 붙은 후,
우리는 가난해졌고
엄마는 여전히 장사를 했지만
우린 함께 더 많이 울고 웃었지.

나중에 더 편해질 수는 있어.
하지만 행복은 '지금'이 최상이지 않을까?

창을 열면 건넛집의 아줌마와 눈이 마주치는,
빼곡한 빌라촌의 일상,
나는 부자가 아니야.
그러나
지금이 너무 좋아서

나는 웃어.

눈을 마주치며 아줌마도 웃어.

아, 행복하다.

어쩌면 말이야,
행 복 은   이 미   너 의   발   앞 에
준비되어 있어.

#난 행복해 #사람 냄새

💬 배우다 보니, 그분하고는
진짜 안 맞는 거 같아요

💬 왜?
저번에는 그분이 참된 스승 같다더니,
오늘 말한 그 부분은 영 안 맞는 거 같아서,
왜 그걸 연습하라는지 모르겠어서
벌써 떠나고 싶어?

넌 그러면
모든 제자가 스승의 뜻을 다 헤아리고 나서
따르는 거라고 생각했던 거니?

어떻게 모든 면을 만족하고
다 수긍이 되고 나서야 따르려고 해?
아무리 좋은 스승이라도 사람인데
어떻게 모든 면에서 만족을 줄 수 있겠니?

따르기로 했으면 따르는 거야.
뭐가 그렇게 불만이 많고
뭐가 그렇게 못마땅해?

다 알지 못해도 우선 따라 봐.
그러다 보면 믿음이 생기고
그 믿음 하나만으로도 넌
샘물 같은 사랑을 받게 될 거야.

얕은 여러 개의 사랑 말고,
깊은 하나의 사랑을 받게 되는 거야.
그럼 너도 서서히 깊어지게 돼.

상담을 하다 보면 네 종류의 사람이 찾아와.

알아듣고 실행하는 사람
알아듣지만 실행하지 않는 사람
알아듣지 못하는 사람
알아듣지 못하지만 실행하는 사람

가장 예쁜 건 어떤 사람인 거 같아?

알아듣고 실행하는 사람?
아니,
가장 예쁜 건 네 번째야.
알아듣지 못하지만 실행하는 사람.

우선 상담을 하러 왔으니
내 말뜻을 잘 모르겠어도
나를 믿고 실행하려고 노력하는 사람에게
가장 마음이 가.

그리고 나도 모르게
나한테 있었는지도 몰랐던 사랑을 퍼 주게 되지.

여기저기 왔다 갔다 하면 좋은 거 같지?

그래, 많을 걸 배울 수 있겠지.
하지만 하나를 깊이 배울 수는 없어.

박카스를 뚜껑에다 담아서 열 번 먹을래?
아님 한 병을 원샷 할래?

네가 알아서 해.

난 홀짝거리는 건 성미에 안 맞아서 못하겠다.

난 원샷!

넌 어떻게 하냐고?

뭘 그걸 또 물어.

뇌를 분실한 게 아니라면, 네가 결정해.

#깊은 배움 #박카스 #삶의 지혜

💬 또 기상이변이래요

💬 오늘 화장실에서 손을 씻고 나서
무심결에 페이퍼타월을 두 장 뽑아 물기를 닦고 있는
나를 발견했어.

'자원을 소중히 아껴 씁시다'라는 문구가 눈앞에서 버젓이
"한 장만 쓰세요"라고 직구를 던지는데도 나는,
한 장을 꺼내 닦고 또 한 장을 꺼내 버렸던 거지.
두 장을 사용하고서야 던져진 마음의 물음,
"그래, 넌 자원보다 네 손이 더 중요한 게냐?"

보이지 않는 소중함을 인식해야 해.
보이는 것은 눈앞에서 사라짐을 느낄 수 있지만,
보 이 지   않 는   것 의   사 라 짐 은   소 리 가
없 어 .

사라진 후에야 사라짐을 탄식하고,
탄식밖에는 할 수 있는 일이 없을지도 몰라.

아무렇지 않게 종이컵을 마구 쓰고,
페이퍼타월을 두 장씩 뽑아 쓰고,
잠깐의 더위를 참지 못하고 에어컨을 켜고,
잠깐의 편리함을 위해 일회용품을 쓰고….

자연이 사라지고 있지만, 전혀 느끼지 못하고 있잖아.

보이지 않는 것의 사라짐은 소리가 없어.
그렇다고 사라지지 않는 것은 아니야.

#환경 #소리 없는 아우성 #삶의 지혜

💬 예수쟁이로 사는 건
　　참 불편한 일이에요

💬 우린 그런 거야.
　　예수쟁이니까,
　　그걸 남들이 다 아니까
　　달라야 하는 거야.

　　친구들을 사랑하고 함께 놀되,
　　그냥 거룩한 척 말고,
　　함께하는 순간 중에 한순간이라도
　　달라야 하는 거야.

　　우린 예수를 믿고,
　　그걸 친구들이 다 아니까.

#남다른 예수쟁이　#크리스천

💬 어차피 인생은 연극이라면서요?

💬 길가에 물이 뿌려졌어.
누가 가르치지도 않았는데 아래로 흘러.
틈이란 틈은 죄다 찾아들어
어찌어찌 밑으로 내려가네.

위로 흐르는 물이 있을까? 분수?
그건 인공적인 쇼show에 불과하잖아.

보이기 위한 것이라면
위로 솟을 수도, 흐를 수도 있어.
무작정 위로 흐르는 물을 본다면, 그것은 쇼야.

세상에 사람이 뿌려졌어.
누가 가르치지 않았는데 위로 솟으려고만 해.

그건 인공적인 쇼.

삶이 아니야.

우리는 쇼하지 말고, 삶을 살자, 제발.

#쇼   #말보다 삶

💬 왜 하필 이런 가족을
저에게 주신 거죠?

💬 그러게,
그런 가족을
왜 하필 너에게 주셨을까?
하나님도 참 너무하시지?
그 억울한 마음,
나도 잘 알고 있어.

그런데,
너는 '작은 예수'가
되고 싶다고 했지?
예수님처럼
이웃을 품고 싶다고
기도하는 사람이지?
그렇다면 질문 하나 할게.

우리는 집안의 이웃도
사랑하지 못하면서
어찌 작은 예수가 되려 하는 걸까?
세상에는 더 말도 안 되고
어마무시하게 상처 주는 사람들이 많은데 말이야.

그래,
사랑할 만한 가족이면 좋겠지.
그러면 사랑하며 살 수 있으니까.
그런데 잘 생각해 보면, 그건 좀 시시해.
'아무나' 할 수 있는 일이잖아.

나는 사랑할 만한 사람만 사랑하는,
'아무나'가 되고 싶지는 않거든.

너도 그래?
그럼 우리,
그 특별한 '작은 예수'가 되기 위해
미움을 조금씩 걷어 내고,
그렇게 싸울 수밖에 없는
집안의 이웃을 위해

사랑을 시작해 보면 어때?
사람을 사랑하라 하신 예수님께서
집안에 사람들을 허락하셨다는 건
그들만큼은 꼭 사랑하라는 뜻이
아닐까?

그런데 왜 하필 그들이냐고?
너의 역량을 믿기 때문이지.
너는 사랑할 만한 사람만 분류해서 사랑하는
'아무나'가 아니라고 확신하신 거야.

설레지 않아?
그렇게 믿을 만한 사람은 아닌데
그만큼이나 믿어 주는
그 특별한 사랑이 너의 마음을
찌릿하게 했으면 좋겠다.

나도 그래서 사랑을 시작했거든.
함께 기도할게.
그들을 사랑할 수 있게 되는 날,
그들은 변하지 않았을지라도

그들을 품은 그대의 마음이
변하게 될 그날,
우리 만나서 밥 한번 먹자.

정말 맛있을 만한 것만 맛있게
먹는 '아무나'로 만나,
맛있는 밥 먹으며 말해 줄게.

너는 사랑을 참 잘하는
특별한 사람이라고….

#작은 예수 #사랑은 아무나 하나 #사랑해

💬 여름 휴가만 기다리며
버티고 버텨요

💬 충주 살미면 공이리,
월악산 자락에 있는
귀농한 친구의 집에 다녀왔어.

나도 언젠가 '귀농'을 로망으로 여겼던 시절이 있었지.
하지만 몇 해, 귀농한 친구의 삶을 보며
느끼는 바가 많다.

귀농은 현실이라는 것.

물론 내가 그토록 원하는 홍대 작업실도
삶이 되면 현실이겠지.
뭐든 일상이 되면 현실이니까.
그럼 퍽퍽하겠다고?

아니, 나는 그렇게 생각하지 않아.
꼭 로망만 아름다워?
아 니 . 현 실 도 아 름 다 워 .

일명 '여친 렌즈'로 촬영한 여친이
마치 수지처럼 웃고 있지만 수지가 될 수는 없지.
하지만 네가 사랑하는 건 텔레비전 속 수지가 아니라
네 앞의 여친이잖아.

삶만큼은 원본이어야 해.
일탈이 아닌 일상을 오롯이 마주할 수 있어야 해.
삶의 일부인 '뽀샵 일탈'을 로망으로 그리느라
삶의 대부분인 '원본 일상'을 놓치고 있다는 사실을
인식하자.

나는
페북에 올리는 한 장의 사진보다
내 폴더에만 있는 백 장의 사진이 더 좋더라.

정말 내 기억을 풍요롭게 하는 건
뽀샤시한 그의 이미지가 아니라

그와 나누었던 소소한 대화더라.
그러니까
여름 휴가를 손꼽아 기다리며
발리의 자신을 떠올리는 일로
일상을 견딘다는 말은 하지 마.

일상은 견딜 만한 고통이 아니라
건질 만한 원본이야.

#삶은 원본   #뽀삽   #일상과 이상

💬 첫사랑을 회복하고 싶어요

💬 뭘 자꾸 첫사랑을 회복한대.

그때처럼 설레고 싶다고?
에이, 계속 설레면 그거 심장병이야. 설레지 않는다고
사랑이 아니야? 그럼 지금 부부로 살고 있는 분들,
오래된 연인들은 뭐야? 정이야? 에이, 그 설렘보다 훨씬
깊은 사랑이야. 세월을 지나오며 서로의 눈빛만 봐도
무슨 생각을 하는지 알 수 있는, 그런 사랑. 설렘 백만
개를 줘도 절대 바꿀 수 없는 찐한 사랑인 걸.

아님, 그때처럼 사랑해 달라고?
에이, 그거 하나님이 들으시면 미치고 팔짝 뛸 만큼
억울한 말이지. 그때부터 지금까지, 아니 그 훨씬
이전부터 지금까지 내내 똑같이 사랑하고 계신데? 그냥

네 느낌이 그런 거야. 연애를 시작할 때만, 학점 잘 받을 때만 사랑하는 거 같은, 그냥 느낌이지. 사랑은 계속되고 있어.

그럼, 더 나아져서 더 사랑하겠다고?
대학 가서? 취직해서? 결혼해서? 아기 낳아서?
에이, 그럼 또 그 아기가 대학 가야 하는데? 취직도 해야 하는데? 조건을 달면 끝도 없어. 사랑은 조건이 아닌데 뭘 자꾸 조건을 달아.

그럼 첫사랑을 하던 그 시절, 순수한 그 모습으로 회복하고 싶다고?
그게 무슨 회복이야. 그때 네가 얼마나 찌질했는데!
뭘 돌아가려고 해. 완전 흑역사야.
미니홈피를 열고 그때의 네 사진을 봐. 완전 눈 뜨고 못 볼걸?

그러니까 괜찮다고. 첫사랑 회복 안 해도 돼.
그때처럼 설레지 않아도 사랑이고, 우린 지금도 똑같이 사랑받고 있고,
지금 모습 그대로 사랑하면 돼.

첫사랑 없는 사람은 더 멘붕이지? 없는데 자꾸
회복하라니까.
괜찮아. 지금부터 사랑하면 돼.

다만, 하나만 명심해 줘.

멈 추 면   안   돼 .

사랑은 매일 진보해야지, 정지는 없어. 어제보다
오늘 더, 오늘보다 내일 더, 손톱만큼이라도 조금 더
사랑하자. 그렇게 매일 진보해도 그 사랑의 옷깃만큼도,
손가락만큼도 다 알 수 없으니, 조금이라도 더 사랑하며
살자.

| #흑역사 | #어제보다 오늘 더 사랑해 | #크리스천 |

이 땅의 청춘들에게

💬 삶으로 산다고요?

💬 삶으로 사는 사람의 말보다
더 빛나는 보석은 없더라.

(보석이고 싶지는 않아도 살면서 말하고 싶지 않아?)

그 삶을 살고 싶다면
살면서 때마다 말하지 말고
그저 오래 그 삶을 살면 되는 거야.

오랫동안 삶으로 산 사람에게는
말과 행동, 그리고 그 사람의 모든 것에서
눈부신 향기가 나더라.
(그렇게 살고 싶지 않아?)

💬 이 고통도 언젠가 지나가겠죠?

💬

의 연 함 .

　내가 한 달째 되뇌며 묵상하고 있는 단어야.

　언젠가 나에게도 거센 바람이 불었지만, 그냥 지나왔어.
　옷깃 여미고, 내가 더 단단하게 걸어 나가면,
　굳이 맞서지 않아도 절대 빠를 수는 없어도, 괜찮더라.

　앞으로도 몇 차례 거센 바람이 다가오겠지만,
　입 꼭 다물고 묵묵히 지나가고 싶어.
　내가 추구하는 삶은 '일희일비'가 아니니까.
　내가 존경하는 분은 위대한 분이 아니라
　묵묵한 분이었으니까.
　삶이 나를 속여도 내가 삶을 속이지 않으면 되는 거니까.

연말이 되고, 날씨가 쌀쌀해지면서
구구절절한 사연이 참 많이 들리고 보여.
소통은 줄었으나 소통의 도구만 많아져
너도 나도 힘들고 아파 도움이 필요하다고 아우성이야.

솔직한 마음, 다 돕고 싶어.
손잡고 더불어 살아야 하잖아.

더 솔직한 바람, 의연함이야.
도구가 있다고 모든 나무를 다 가구로 만들 수는 없잖아.
가구만큼 종이도 나무 그늘도 숲도 필요해.

어떻게 하고 싶은 말을 다 할 수 있겠어.
말의 옷깃을 여미고 단단하게 걸어 보면 깨달아질 거야.
혼자가 아니었으면 하는 마음에 마구 손을 내밀 때가
오히려 더 외로웠다는 것을.
바람까지도 품을 수 있게 되니 비로소 혼자가 아니라는
것을.

#의연함   #삶이 나를 속일지라도   #소통의 홍수   #삶의 지혜

💬 나눔을 실천하기가 참 어렵네요

💬 우리에게 주어진 것 중에
이웃의 몫이 있음을 잊지 말아야 해.
주어질 때마다 이번에는 누구의 것인지
명민하게 판단하고 실천해야지.

우리의 이기를 위해 주머니를 부풀리고 있다면
그건 또 다른 의미의 횡령인 거야.

우리가 무언가를 잘 해낼 때
점점 들리는 고개를 내리고 주억거리며
역시 우리가 한 것이 아님을 고백해야 해.

자꾸 우리가 했다는 생각이
우리의 마음까지 가서 우리의 행동을 조종한다면

우리를 지으신 분이 "스톱!"을 외치는 거야.

금메달을 딸 거라고 착각하지 마.
이미 세상의 순위를 떠나온 지 오래잖아.

세상의 넓은 길이 눈에 띌 때
저절로 그쪽으로 향하는 몸을 돌려
다시 좁은 길로 가는 것이
우리가 드릴 수 있는 최고의 기도야.

다시 좁은 길로,
오늘이 마지막인 것처럼 최선을 다하되,
우리가 어디에서 왔는지 잊지 않으며
계속 좁은 길로 가야 해.

#좁은 길   #되새김   #나눔

💬 힘이 빠져… 뜬금없이
메시지 보내요

💬 사람은 원래 뜬금없는 거 아닌가?
난 진짜 매일 뜬금없이 사는걸.

사람 다 별거 없어.
거기서 거기지.
대단해 보인다면
말 그대로 그렇게 보이는 것뿐,
일개 사람이 차이가 나봐야 얼마나 나겠어.

나도 지금 내가 할 수 있는 걸 하는 거지,
대단한 일을 하는 건 아니야.

청소년들이 좋아 그냥 얘기하는 게 뭐 대단해.
청소년들과 함께 우는 게 뭐 대단해.

야매상담

어쩌면 배고플 때 밥을 먹는 것만큼 아무것도 아니야.
그런데 너와 내가 차이가 있다면 단 하나겠지.
그냥 툭툭 털고 일어나 걸었다는 것.

마음에 사랑이 많이 있다고 했지?
그런데 미안하게도 마음만으로 되는 일은 하나도 없어.
삶이란 스케치북은,
그냥 백지로 놔두라고 주어진 게 아니라,
오늘 내가 할 수 있는 분량만큼 색칠해 달라고 말하고
있거든.

우리가 듣지 않고
우리가 하지 않고
누구를 탓할 수 있을까?

환경? 글쎄….
불행하다고 말하는 사람이 환경을 탓하는 걸 봤고
환경이 암울해도 행복하게 사는 사람을 봤어.
돈? 글쎄….
돈이 많아도 불행한 사람을 봤고
돈이 없어도 행복한 사람을 봤어.

얼마 전에 한 아이가 그러더라.
행복은 성적순이 아니지만
성공은 성적순이지 않느냐고.

미안하지만 아니라고 했어.
딱 10년만 지나면 그게 아니라는 걸 알게 된다고.

그렇잖아.
1등부터 30등까지 성공의 순서는 정해져 있지 않잖아.

성공의 기준은 저마다 달라.
행복도 그렇지.

뭐, 하나의 기준이 있다고 해도
꼭 그 기준에 맞춰 살 필요가 있어?
나는 살면서 그 어디에서도 그런 필요는 보지 못했는데?

어렵지 않아.
그냥 무릎을 털고 일어나는 거지.

넘어지면 어때.

치료하면 되지.
숨이 차면 어때.
잠시 숨을 고르면 되지.

그런데 지금처럼 남들의 삶을 대단하다며 보기만 하고
아무것도 하지 않는다면 그건 내 삶을 눈팅하는 거지.

내 삶은 내가 써야지.
'좋아요'도 눌러 보고
스스로 응원도 해줘야지.

그거 알아?
색칠은 경쟁이 필요 없어.
절대 순위를 정할 수 없거든.

마음껏 색칠해.
너의 삶이 아직 백지라는 건,
더 찬란할 기회가 있다는 거야.

그 게   뭐   어 때 .
지금 쓸 수 있는 색연필 다 꺼내 놓고

이제부터 시작하면 되는 거지.
설레지 않아?
전성기가 오지 않았다고?
맞아.
너의 전성기는 바로 지금부터 시작될 테니까.

내가 응원할게.
나도 한때는 너무 늦었다며
아무것도 할 수 없었던 사람이었어.

그런데 그게 불과 5년 전이었지.

너도 할 수 있어.
너에게 주어진 색연필은 24색이 아니라
132색이니까.
우선 가장 맘에 드는 색 하나만 집어 봐.

그랬으면 좋겠어.

#눈팅 #좋아요 #지금부터 #말보다 삶

💬 계속 답이 없네요

💬 답이 없다고? 그게 뭐 어때서?
답이 꼭 있어야 하는 거야? 왜?
우리는 정답을 가진 분을 믿는 사람이지,
정답을 아는 사람이 아닌걸.

그분 손을 잡고 함께 길을 가며 질문을 하면 돼.
이 안에서 최선은 무얼까요? 내가 지금 할 수 있는 일은
무얼까요?
그리고 할 수 있는 걸 찾아서
네가 할 수 있는 만큼 하면 돼.
살아 있는 모든 순간이 은혜이고 축복이라고 믿으며
가는 거지.

고통은 장애가 아니야. 뭘 자꾸 숨겨.

고통은 장애물도 아니야. 뭘 자꾸 뛰어넘어.
고통도 내 삶의 일부분인 거지.
아프면 아프다고 하고, 울고 싶을 때는 맘껏 울어도 돼.
아픔을 느낄 수 있는 것도, 눈물을 흘릴 수 있는 것도
은혜고 축복이잖아.

우리 그냥 답 없이 이렇게 살자.
괜찮아.
세상이 정해 놓은 답이 우리에게 있다는 게 더 이상하지.
그런 거 없어도 돼.
사 랑 이   이 미   여 기 에   있 으 니 까 .

#고통의 문제   #노답   #크리스천

💬 사랑하는데
   그 정도는 해줘야죠!

💬 사랑하는데 그거 하나 못해 주느냐고?
   아주 네가 웃기면서 댄스를 추는구나.
   사랑한다고 절대 안 되던 게 바로 되니?
   사랑이 무슨 무법 판타지더냐?

   절대 아침 일찍 못 일어나는 너한테
   사랑하니까 매일 일찍 일어나서
   전화하라고 하면 할 거야?
그 게   사 랑 인   거   같 아 ?
   처음에는 좀 하다가
   나중에는 미치지 않겠어?

   절대 안 되는 건
   사랑해도 안 되는 거야.

사랑은 절대 안 되는 걸 되게 하는 게 아니라
절대 안 되는 그 사람이 이유 없이 딱 좋아지는 거지.

사랑을 빌미로 그 사람을 인질 삼지 마라.
사랑이 무슨 서스펜스 스릴러더냐?

절대 안 되는 걸 요구하고
그거 하나도 못해 주냐
으르렁거리는 게 사랑이라면
지나가던 똥개가 웃어.

그 사람이 잘할 수 있는 걸 부탁하고
그것도 이렇게 잘하냐며 쓰담쓰담 해주는 게
조금은 더 사랑답지 않겠니?

#사랑한다면 #쓰담쓰담 #사랑해

💬 진심인 줄 알았는데,
   거짓이었나 봐요

💬 사람들은 자신이 본 진심 이후에 다른 모습을 보이면,
   그 진심을 본 순간도 거짓이었다고 믿고 싶어 해. 원래
   처음부터 그놈은 그런 놈인데 순진한 자신이 속아서
   억울하고 분하다고. 그렇게 끝까지 자신이 먼저 살아야
   하는 게 사람인가 봐.

   그런데 말이야, 사람이 한결같아야 한다는 거, 그거
   말이 되는 거니? 처음부터 끝까지 일관되게, 정의롭고
   믿음직하고 진실한 사람으로 산다는 게, 사람으로서
   가능해? 그거 아닌 거 같아.

   한동안 내가 진심을 보고 무조건 돕고 함께했던 사람이
   너무 명백하게 변해 버려서 속상했어. 처음에는 변한 걸
   믿지 않으려고 그때 본 진심에 대해 수도 없이 되새겨

봤지. 그런데 아무리 생각해도 그땐 진심이었던 거더라.
그래서 그다음에는 나쁜 놈, 어떻게 그렇게 변해, 라며
성을 냈지. 내가 도왔던 게 아깝고, 그래도 뒷담화는
싫어서 그걸 다 말하지도 못하겠고, 하지만 온 천하에
떠들고 싶을 만큼 재수 없고, 그랬어.

그런데 말이야. 문득 이런 생각이 들더라.

그의 진심은 진심이었어. 적어도 그때는 진짜였을 거야.
지금 가짜로 변한 게 아니라, 진짜와 가짜는 언제나
공존했는데, 내가 그땐 진짜를 본 거고, 지금은 가짜를
본 거지. 진짜와 가짜는 우주가 아니라 일부야. 코털만큼
얇고, 코딱지만큼 작은, 일부.

그래, 내 속에도 진짜와 가짜가 있지. 하지만 매일
노출되는 SNS에는 진짜만 보이고 싶고, 사람들은 나의
바람대로 진짜만 보더라. 하지만 내 안에 가짜는 항상
있지. 그래서 노력하는 거잖아. 진짜가 침몰되지 않고
순항하기를. 순식간에 뒤집어지면 가짜인데, 그 가짜도
내 마음이라는 배의 일부인 거지, 배가 아닌 건 아니잖아.
어쩌면 말이야. 그도 변한 게 아닐 거야. 네가 진짜만

보고 있었으니 과대 일반화의 오류를 범한 건 그가
아니라 너잖아. 그래, 물론 그때 본 진짜도 사실이고,
지금 보고 있는 가짜도 사실이라, 화도 나고 속상하고
억울한 거 인정! 하지만 그렇게 이를 갈며 미워할 건
없잖아. 오히려 그의 진짜가 다시 보이기를, 다시 그가
진짜로만 순항하기를 간절히 바라야지. 그때 그를
진심으로 응원하던 너도 진짜였으니까.

이미 무너진 사람들에게 우리는 이전의 진실한 모습을
들추며, 어떻게 지금은 이럴 수 있냐고 조소를 퍼붓지만,
우리라고 자신할 수 있겠니? 절대 무너지지 않는다고,
절대 이 모습 그대로라고 어떻게 장담하겠어. 하지만
우리 지금, 가짜 아니잖아. 진짜잖아. 나중에 우리의
진짜가 잘 안 보인다며 사람들이 그때도 가짜였다고
떠들면, 그거 미치고 팔짝 뛸 노릇이잖아.

믿자. 그때 그는 진심이었어. 그때만큼은 그랬어.
그 시기가 오래가지 못했을 뿐이지, 그때의 진심이
속임수였던 건 아니야. 그러니까 네 마음을 헤집어
그때의 진심을 굳이 꺼내서 토막 내지 마. 그럼 그때 그를
응원하던 너의 진심까지 사라지는 거니까.

그래, 그때 네가 본 건 정말 진심이었어. 물론 한결같지
않다는 건 안타깝지. 그런데 말이야. 일개 사람이
한결같지 않다고 우리가 손가락질할 수 있겠니? 한결같은
사람을 칭찬할 수는 있어도, 한결같지 않은 사람을 욕할
자격이 우리에게는 없지 않을까? 우리도, 아무것도
장담할 수 없는, 인간 나부랭이라는 걸, 잊지 말자.

#진심은 진심 #우리의 관계

💬 이별 상담, 고마웠어요

💬 인생의 봄이 찾아오면
　　그 봄이 영원할 거라는 착각이
　　동시에 우리를 덮쳐 버려서

　　그 봄을 유지하기 위해
　　우리는 더더 봄이라고
　　생각하고 말하고 색칠하는데

　　봄의 끝에서
　　영원한 건 없다고 속삭이는
　　얄궂은 인생을 만나면
　　죽을 것처럼 밉지.

　　인정하기도 싫고

인정할 수도 없는
느리고 느린 시간들.

그래, 그렇지.

그런데 분명한 건
봄이 지나면 여름이 온다는 거야.

끝끝내 오지 않을 것 같은 여름이
기어이 찾아오더라.

그 여름날에,
영원이 아니었던 너의 봄을 돌아보며
그 찬란함이 덧없지는 않았다는 걸
알게 될 거야.

그리고
눈물을 쏟아 내느라
상상할 수도 없던 여름은,
더욱 찬란히 너를 비춰 줄 거야.
더더더 찬란한 그날에,

너의 웃는 모습을 볼 수 있었으면
좋겠다.

괜 찮 아 .
　울고 싶은 만큼 울고
　아플 만큼 아파야
　웃을 수 있는 여름도
　온전히 네 것이 될 테니.

잘 했 어 .
　목구멍까지 차오른 슬픔은
　어떻게든 쏟아 내야
　다시 숨을 쉴 수 있는 것이니.

#이별　#벚꽃엔딩　#어쩌면 개운한 여름　#반쪽

💬 진짜 함께하고 싶은데…

💬 함께하고 싶다고?
　　그들과 함께 울고 싶다고?

어 렵 지　　않 아 .

　　희귀병을 앓고 있는 청년이
　　같은 병을 앓고 있는 어른을 만나
　　부둥켜안고 엉엉 울더라.

　　그래, 그거다 싶더라.
　　함께하려면 같이 아파야지.
　　같이 아프면 함께 울 수 있지.

　　함께 울며 함께 걷고 싶다고?

그건 조금 어려워.
같이 아파서 함께 운 후에
노력을 해야 하거든.

무슨 노력이냐고?
보폭을 맞춰야 해.

그들이 걷고 싶은 보폭을
주의 깊게 관찰하고
네가 걷고 싶은 보폭을 버리고
그들의 보폭에 맞춰
걸어야 해.

함께?
응, 함께이고 싶다면
그 정도 노력은 해줘야지.

날로 먹으려고 하지 마.
회가 아무리 맛있어도
회만 먹고는 살 수 없으니까
데쳐야 할 땐 데치고

끓여야 할 땐 끓이고
우려내야 할 땐 열 번이고 백 번이고 우려내야지.

한 걸음이 아니라 열 걸음,
열 걸음이 아니라 백 걸음
보폭을 맞춰 봐.

그럼 계속 같이 아플 수 있어.
더 진한 눈물로 함께 울 수 있어.

땀방울과 함께 눈물방울을 흘리고
함께 이룬 눈물바다에 사랑을 띄우고 싶다면
그렇게 진짜 '함께'를 꿈꾼다면 같이 아파.
그리고 함께 울며 보폭을 맞춰 함께 걸어.

그렇게 함께?
응, 함께!
같이 가자!!

#함께 | #나란히 나란히 | #더불어 삶

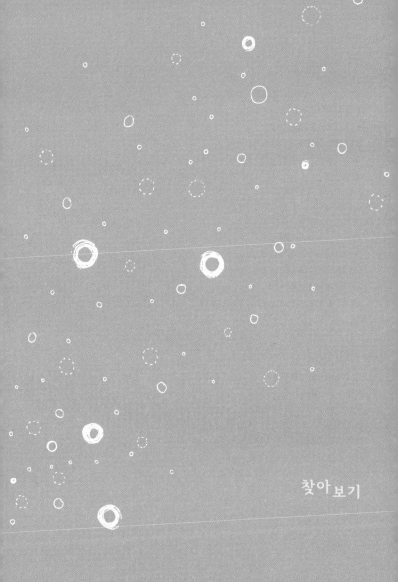

찾아 보기

야매상담
Talks Together

2015. 5. 25. 초판 발행
2018. 5. 14. 4쇄 발행

지은이 오선화
사진 오택상 김선규
펴낸이 정애주
국효숙 김기민 김의연 김준표 김진원
박세정 송승호 오민택 오형탁 윤진숙
임승철 임진아 정성혜 차길환 최선경
한미영 허은
펴낸곳 주식회사 홍성사
등록번호 제1-499호 1977. 8. 1.
주소 (04084) 서울시 마포구 양화진4길 3
전화 02) 333-5161
팩스 02) 333-5165
홈페이지 hongsungsa.com
이메일 hsbooks@hsbooks.com
페이스북 facebook.com/hongsungsa
양화진책방 02) 333-5163

ⓒ 오선화, 2015

ISBN 978-89-365-1094-7 (03230)